行政法入門

藤田宙靖［著］

［第7版］

有斐閣

まえがき

法律そして法律学の世界には、憲法（学）・民法（学）・刑法（学）など、いろいろな分野があります。これは、ちょうど、物理学・工学の世界に、機械だとか電気だとか流体力学だとかがあるのと、同じことです。その中でも、いま見た三つに、さらに商法・民事訴訟法・刑事訴訟法を加えた合計六つの分野は、ふつう「六法」とよばれていて、もっとも基本的な分野だとされています。たとえば司法試験でも、古くから、最初の三つはすでに択一式試験の段階で受けなければならない科目とされていましたし、あとの三つについても、論文式試験では、必ず受験しなければならないこととされてきました。「六法全書」という名前の法令集が売られていますが、この名前も、もともとはここから来たものです。

これら「六法」について、みなさんは、どんなことを知っておられるでしょうか？「なにも知らない」という答が返ってきそうですが、でも、たとえば、「基本的人権」「戦争放棄」「三権分立」（憲法）、「契約」「相続」（民法）、「殺人」「窃盗」（刑法）、「株式会社」「手形・小切手」（会社法、商法）、あるいはまた、「証拠調べ」「口頭弁論」（民事訴訟法・刑事訴訟法）などといった言葉は、たぶんどこかで聞いたことがあるし、また、どういうことかも何となくわからなくはない、といったようなことなのではないでしょうか。

「行政法」も、民法や刑法などと並ぶ、法律の世界の一分野とされていて、大学の法学部では「行政法」という講義が開かれ、また行政法を専門に研究している先生たちも数多くいます（私も以前はその一人でした）。けれども、行政法は、どうも、「六法」のようには有名ではなくて、たとえば司法試験では、従来から論文式試験のときの選択科目の一つとされているにすぎなかったのですが、平成一二年（二〇〇〇年）度からは一時期、とうとう試験科目からはずされる羽目になってしまいました。そして、行政法という分野ではいったいどんなことをやっているのかということも、おそらくふつうの人には、見当もつかないことなのではないでしょうか。法学部に入っても、まず教わるのは、六法、それも、憲法・民法・刑法などで、行政法は、かなり高学年になってから、ようやく教わることになります。そのころには、もう法律学の勉強に飽きてしまって、大学に出てこなくなる学生たちも少なくありません。ただ、国家公務員でも地方公務員でも、公務員試験を受けようとする場合には、行政法は必修の科目とされているので、公務員になるためにはしかたがないから、行政法の講義を聴いている、といった人たちも、ずいぶんいるようです（もっともこの点、平成一六年（二〇〇四年）度から始まった法科大学院（ロースクール）、そして、それを前提に平成一八年（二〇〇六年）からスタートした新しい司法試験では、行政法は、改めて脚光を浴びることになりましたので、また様子は変わってきているようです）。

「行政法」がおもしろい分野なのかそうでないのか、ほんとうのことをいって、私にはよくわかりません。白状をすると、私が学生のころには、行政法は、もっともつまらない分野のひとつだとしか思えず、したがってまた、講義もサボってばかりいたのが事実でした。ところが、何十年かたってみたら、行政法の専門家になって、「行政法入門」などという本を書いているのですから、われながらあきれてしまいます。しかし、そうなったからには、ある日どこかで、行政法をおもしろい、と思ったことがあったはずなのです。

この本で私は、私が学生のころにこんなふうな話を聴いていたのだったならば、はじめからもっと行政法をおもしろいと思ったかもしれないな、といえるような本を書きたいと思いつつ、わが国の行政法（そして行政法学）のおおよそについて、お話をしてみることにしました。それは、あくまでも、私にとっておもしろかっただろうということで、これから読んでくださる皆さんにも、まちがいなくおもしろいだろう、というだけの自信は、とてもありません。でも、少しでも多くの方が、この本を読むために時間をつぶして損はなかった、と思ってくださるならば、こんなうれしいことはありません。

二〇一五年八月

藤田宙靖

目次

著 者 紹 介

藤 田 宙 靖（ふじた　ときやす）

1940 年　東京に生まれる

1963 年　東京大学法学部卒業

現　在　東北大学名誉教授，元最高裁判所判事

〈主要著書〉

公権力の行使と私的権利主張（有斐閣，1978 年）

西ドイツの土地法と日本の土地法（創文社，1988 年）

行政組織法　新版（良書普及会，2001 年）

行政法学の思考形式　増補版（木鐸社，2002 年）

行政法の基礎理論　上巻・下巻（有斐閣，2005 年）

最高裁回想録（有斐閣，2012 年）

行政法総論（青林書院，2013 年）

裁判と法律学（有斐閣，2016 年）

新版行政法総論（上巻・下巻）（青林書院，2020 年）

行政組織法　第 2 版（有斐閣，2022 年）

第一講　行政法とはなにか

1　行政法と行政法理論

「行政法」という法律は存在しない

行政法入門の冒頭で、いきなりこんなことをいったら、おおかたの人はびっくりしてしまうかもしれない。でも、これはほんとうのことで、憲法九条、民法七〇九条、刑法一九九条、というのがあるのとおなじようなかたちで行政法〇〇条というのがあるかというと、そんなものはどこにもないのです。

六法全書を開いてみると、国家行政組織法、行政手続法、行政代執行法、行政不服審査法、行政事件訴訟法、行政機関の保有する情報の公開に関する法律（いわゆる情報公開法）、といったように、「行政」という文字が名前の中に入っている法律が、いくつかあります。これらはなるほど、行政法関係の重要な法律で、この書物でも、これからしばしば登場する法律なのですが、しかし、行政法はそれでおわりというわけではありません。たとえばそのほか、国家公務員法、地方自治法、警察法、風俗営業等の規制及び業務の適正化等に関する法律（いわゆる風営法）、土地収用法、都市計画法、建築基準法、所得税法、法人税法、などをはじめとして、そのほかじつにさまざまな名前と内容を持った、ほとんど無数といってよい法令の規定が、「行政法」という法分野をつくりあげているものと、考えられているのです。

行政法理論の意味

では、このように雑多な法令群から、どうして「行政法」というひとつのまとまった法分野（法体系）ができあがっている、ということになるのでしょうか？　結論的にいうと、それは結局、そのような「理論」が考え出されているからだ、という以外にはありません。

たとえば、夜空にまたたく無数の星は、てんでんばらばらに散らばって、それぞれかってに動いているように見えますが、昔から、多くの人々がこれらをよくよく観察しているうちに、じつはこれらの星たちは、まったく無関係に存在しているのではなくて、太陽系とか銀河系というグループをかたちづくっており、このグループの中ではある決まったルールにしたがった動きをしているのだ、ということがわかってきたわけですね。こういったことを明らかにしてきた「万有引力の法則」とか、「相対性原理」といったものは、なぜこれらの星が現実にそういった動きをするのか、ということを矛盾なく説明するために人間の頭で考え出された、ひとつの「理論」であるにほかなりません。「行政法」と「行政法理論」の関係も、いわばこれとおなじことなので、先に見たようなたくさんの法令の規定を夜空の星と考え、「行政法」をいわば「太陽系」と考えるならば、「万有引力の法則」にあたるものとしての「理論」があるはずだ、ということになるわけです。こういった意味での「理論」(法理論)」が、つまり、これから(主として第三講以後)説明することになる「行政法理論」だ、ということになります。

わが国の行政法理論の基本的性格

朝日が昇り、天空を巡って、夕方地平線に沈むと、月が、そして無数の星が輝きはじめる。こうした現象がなぜおきるのか、太陽や月のこういった動きは、どんな意味を持っているのか。これについて、人々は古くから、いろいろな考え方をしてきました。たとえば古代の社会では、おおよそ、太陽神が眠りについたあと、夜の女神が天空を支配するのだ、というような考え方がされてきたといえるでしょうし、また中世社会では、地球の回りを天球が廻っているのだ、と考えられていたわけです。しかし、現在では、万有引力の法則にしたがって、地球をはじめとする惑星が太陽の回りを廻っているからなのだ、という説明に疑いを抱く人は少ないわけですね。行政法と行政法理論の関係も、ちょうどこれとおなじことで、かずかずの法規定がなぜ存在し、それぞれがどんな意味を持っているのかについては、これまでいろいろな考え方がありました。ところで、天文学ならぬ行政法学のばあいには、こういった意味での行政法そして行政法理論は、いろいろな国において、過去、その時代ごとの政治・社会上の諸事情を背景として、だんだんと発展し積み重ねられてきたものですから、とうぜんのこととして、国によってその内容がさまざまにちがっています。たとえば、のちに見るような「法律による行政の原理」を、行政法という太陽系をつくりあげているもっとも基本的な法則と考えるドイツ法のばあいと、「法の支配（rule of law）」ないし「適正な法手続（due process of law）の原則」をもっとも重要な法則だと考えるイギリスやアメリカのばあいとでは、考え方にかなりのちがいがあり、どっちの考え方をとるのかによって、一見おなじように見える法律の規定の意味も、ずいぶんちがったものとなりえます。そしてわが国の行政法のばあいには、明治維新以後の沿革からして、はじめはドイツ法の強い影響を受け、しかし、第二次世界大戦後、とりわけアメリカ法の影響をもいろいろなかたちで受けている、といった事情がありますから、現在、行政法理論の内容は、すこぶる複雑なものとなっているといわざるをえないのです。正直いって、じつは、わが国の行政法理論ひいては行政法の基本的な構造はどうなっているのか、ということについても、もっとも根本的なところで学者の間にいろいろ争いがあるというのが、現実なのです。

でも、こんなことをいっていたのでは、これから行政法を勉強しようとしておられる方々は、私たち行政法学者が現在困っている以上に困ってしまうわけで、そんなに専門的なことを知る必要はないから、ともかく行政法なるものの概要について、なんとかわかるような話をしてくれ、ということでありましょう。そこでこの書物では、ともかくもまず、先ほど見たような事情があるにもかかわらず、こんにちでもなお基本的にはわが国の行政法理論の骨格をかたちづくっていると考えられる、ドイツ行政法に由来する「法律による行政の原理」を中心とした理論体系のあらましを説明してみたいと思います。そしてその上で、しかし、こういったような伝統的な理論体系は、こんにちの行政の現状にてらしてどういった問題に直面し、またどのような修正を迫られているか、ということを明らかにしてゆきたいと思います。こういった方法によって、今後読者の皆さんが、わが国現在の行政法はどんなものであるのかを、さらに深く、詳細に勉強してゆかれるための手がかりを、なんとか与えることができれば、というふうに願っています。

2 行政法理論と「行政」

「行政」とはなにかについて

「行政法」というのはつまり「行政についての法」ではないか。そうだとするならば、「行政法」とはなにかを知るためには、結局、「行政」とはなにか、ということがわかればよいのではないか。これは、まことに単純明快なりくつのように見えます。そしてじっさい、これまでしばしば行政法学では、まさにこういった考えから、この問題について、多くの議論をしてきたのでした。でもいったい、こういった議論はほんとうに必要だったのでしょうか？　たとえば、先のような目的から、これまでになされてきた「行政」についての有名な定義として、こんな例があります。

「近代国家における行政とは、法のもとに、法の規制を受けながら現実具体的に国家目的の積極的実現をめざしておこなわれる、全体として統一性を持った継続的な形成的国家活動である」。

これはじつは、私の恩師である故田中二郎先生のされた定義で、理論的に見ればたいへんな苦心の作なのですが、しかし、率直にいって、行政法の入門の講義のはじめに、こんなややこしい定義を聴かされたのでは、たいていの人は、それだけでもう行政法を勉強しようという意欲を失ってしまうでしょう。学生時代の私も、まさにそういった一人でありました。そのころの自分の経験にてらしてみて、私は、少なくともいまの段階では、こんなむずかしいことはいらないので、「行政」とはなにかという問題については、財務省・経済産業省・国土交通省・厚生労働省といった国の省庁が、そしてまた、都道府県庁や市町村のお役所が、日ごろおこなっているいろいろな活動を思い浮かべれば、それでさしあたっての用は足りるように思います。そしてもし、高等学校での社会科に記憶のおありの方があるならば、国の三作用（あるいは三権）としてあげられていた立法・行政・司法の区別を思い出していただけるならば、もうそれで十分だと思います。むしろ、ここでもっと重要なのは、こういったさまざまな行政活動を行政法という見地から取り扱おうとするばあいに、行政活動のうちのなににについてどのような見方がなされるのか、ということについて、理解していただくことだろうと思います。これはちょっとむずかしいことかもしれませんので、もう少しくわしく説明することにしましょう。

たとえばいま、「人間とはなにか」という問題を学問的に考えてゆくとき、どういったことが必要となるかについて、考えてみましょう。もし私たちが、ここで、化学の見地から人間の身体はどんな物質によってできあがっているか、を問題としようとするのであるならば、「人間」は、その身体をつくりあげている炭素とか窒素とか水素・カルシウムといった元素にバラして検討の対象とされなければならないことになります。しかし、もし、問題が、「人間」とそれ以外の動物とではどこが決定的にちがうのか、というところにあるのであれば、こんなことをやってみてもほとんど意味はないのであって、重要なのは、たとえば、ある状況のもとで人間はどのような精神的反応をするか、といった、心理学的な考察だ、ということになるわけですね。このように、「人間」は、「数多くの分子ないし元素の結合物」として見ることもできるし、「筋肉と骨と血管などからできあがっている生物」と見ることもできます。また、見方によっては、「高度の精神活動をおこなう能力を持った生物」としてとらえることもできるでしょう。そしてそのうちのどのような見方をするのかは、「人間」について、なにをどのような目的から理解しようとするのかによって、ちがってくるわけです。

「行政」についても、これとまったくおなじことがいえます。そして、わが国の行政法理論についていえば、それは、行政を、主として、（「肉体」ならぬ）「行政主体」の観念と、それから（「精神活動」ならぬ）「活動形式」の観念を中心として、見るものである、といってよいように思います。このことについて、もう少しくわしく説明しましょう。

「行政主体」の観念

たとえば、行政活動のひとつの例として、道路が建設されて一般市民の交通の用に提供されるばあいをとってみましょう。このばあい、国（国土交通省）とか地方公共団体（都道府県、市町村）が道路を建設するのであれば、それが「行政活動」の一環としておこなわれているのだ、ということは、明らかです。しかしたとえば、いわゆる民間デベロッパーが新しく住宅団地を造成し、団地内の道路をつくるようなばあいだったら、どうでしょうか？　このばあいにも、道路の建設ということは、多くの人々の利益（公共の利益）にかかわることですから、それをしてよいかどうかということについては、都道府県知事などの行政機関による監督（許可など）を受けることになります。この監督行為自体は、たしかに行政活動のひとつだといえるのですが、しかし、デベロッパーによる道路の建設そのものをとってみると、ふつうそれは「行政活動」だとはされず、民間企業がおこなう「営利事業」の一種だ、と考えられています。なぜかというと、民間デベロッパーはまさに民間デベロッパーであって、国や地方公共団体ではないからにほかなりません。こういった関係は、なにも道路の建設のばあいだけではなくて、たとえば国立学校のおこなう教育活動と私立学校のおこなう教育活動のちがい、そのほか、私たち市民の日常生活に密接な関係のあるさまざまな事業、たとえば、水道・光熱・食料・住宅などの供給、交通・運輸・流通網の整備確保、医療・保健・衛生事業の実施・充実ｅｔｃ、について、広く見られることなのです。

このように、おなじような内容の活動がおこなわれるばあいであっても、ある者がそれをおこなえば「行政活動」とみなされるばあい、この者のことを、行政法学では特に「行政主体」という名前でよんでいます。この意味で「行政主体」であるとされる者（法主体）の中には、国や地方公共団体のほか、たとえば住宅金融公庫とか日本道路公団といった、平成一七年まで存在していた各種の公庫・公団などもまた、これに含まれると考えられてきました。一〇年ちょっと前に国の行政改革の結果生まれることになったさまざまの「独立行政法人」もその例です。そして、これに対して、通常の会社（私企業）とか個人のように、「行政主体」としての性質を認められない者（法主体）のことを、「私的法主体」または「私人」とよぶことがあります。

行政法上の法関係

行政法学（行政法理論）では、「行政」とよばれるさまざまな活動を見るばあいに、これを、主としていま見た意味での「行政主体」と「私人」との間の相互関係だ、というふうにとらえてきました。そしてふつう、「行政主体」と「私人」との間のこういった相互関係を「行政の外部関係」とよび、これを規律する行政法を特に「行政作用法」とよんでいます。なぜ「外部関係」とよび「作用法」というかというと、これに対して「内部関係」という言葉と「組織法」という言葉がべつにあるからです。つまり、「行政主体」というのは、国にしても地方公共団体にしても、それ自体、数多くの人間によってできあがっているひとつの組織体であるわけで、したがって、こういった組織体をつくりあげている人々相互の間にもまた「関係」があり「法関係」があることになります。そして、これらの人々相互間の関係を一般に「行政の内部関係」とよび、これを規律する行政法を「行政組織法」とよぶことになるわけです。こういったことについては、第二講でまた、もう少しくわしく説明します。

「活動形式」の観念

それでは次に、行政法学の立場から「行政」を見るばあいに、「行政主体」の観念とともにその重要な手がかりとなるもうひとつの観念、つまり、先ほど触れた「活動形式」とはいったいどういうことでしょうか。ここでは、こんなふうに説明してみることにしましょう。

「行政主体」は、その活動をおこなうにあたって、じつにさまざまなかたちで、私たち市民（つまり、右に見た意味での「私人」）と接触することになります。たとえば、先に見たように国が道路を建設しようとするばあい、そのための土地を、現にその土地を所有している人（私人）から手に入れることが必要になりますが、このばあい、現在のわが国では、土地収用法という法律があって、収用委員会という行政機関がおこなう「収用裁決」という行為によって、かりに土地所有者がいやだといっても、その土地を国が一方的・強制的に取り上げることができることになっています。こんなことが許されるのは、いうまでもなく、道路のような公共施設をつくるということは、多くの国民にとって必要なことで、たった一人、たまたまその土地を持っている人が反対したためにこういった施設ができない、というのでは、たいへん困ったことになるからですね。ところがじつは、国や地方公共団体がこういった公共施設のための用地を手に入れるためには、いつもこの土地収用という権力的な方法が使われるというわけではなくて、むしろふつうは、土地所有者と交渉して、土地の値段などについておたがいになっとくしあったうえで、民法で定めている「売買契約」をむすぶことによって、ことが済んでいるのです（このケースをふつう、「任意買収」といいます）。

またべつの例をあげると、警察が、犯罪の捜査や犯人の逮捕などの活動のほか、道路交通の安全のためにいろいろな活動をしていることは、皆さんよくご存知ですね。そこで、こういった目的のために、じっさいにどんなことがおこなわれているかを見てみると、たとえば、警察（公安委員会）は、運転免許を与えたり取り消したりする（いわゆる「行政処分」をする）というかたちで私たち私人に接触することもあれば、スピード違反で逃げている自動車をパトカーで追いかけ、実力でもって取り押さえるようなこともしています。そのほかさらに、交通標識を立てるとか、ポスターで安全運転をよびかける、といったソフトな活動もおこなっています。

行政主体がおこなっているこういったかずかずの行為について、行政法学（行政法理論）ではまずなによりも、これらの行為が、「私人」の「権利」に対してどんなかたちでかかわりあっているか、言葉をかえればつまり、これらの行為は、私たち市民の自由や財産に対してどんなかたちで影響をおよぼしているか、ということに注目します。こういう眼で見てみると、たとえば、右に見たようなさまざまの行政活動について、行政主体は、あるばあいには私人の権利（自由や財産）を一方的強制的に取り上げるということもするけれども（たとえば土地収用や運転免許の取消処分の例）、あるばあいにはそうでなく、私人のなっとくづくではじめて権利を取得する（たとえば公共用地の任意買収の例）。また、あるばあいには、このように、権利を奪ったり義務を課するといった、いわば観念的なレヴェルにとどまるのでなくて、直接に実力行使をして目的を達することもある（たとえばパトカーによる追跡の例）。そうかと思えば、およそ、権利・義務がどうとかいう堅い話ではなく、行政主体が私人に対して単なる〝お願い〟をするにすぎないばあいもある（たとえば交通安全のＰＲの例）、といった見方ができることになります。

　行政法学では、こうして従来、行政主体のさまざまな活動を、それが私人の権利・利益にどのようなかたちでかかわりあうかという見地から、いくつかのタイプに分けて考えてきました。この書物でのちに第六講以下に取り上げる、行政行為、行政立法、行政上の強制執行、行政指導、といった観念は、いずれもこのようにして分類された行政活動のタイプ（類型）に対して与えられた名前なのです。そして、こういった見地からして分類された行政活動のこれらの諸類型のことを、一般に、行政の「活動形式」ないし「行為形式」とよんでいるわけです。

それと同時に重要なことは、行政法学では、こういったかずかずの行政の活動形式（行為形式）の中にも、中心となるもの（理論的に見て特に重要であるもの）とそうでないもの、いいかえれば、基本的なものと副次的なものとのちがいがある、と考えてきたということです。そして、こういった意味においてもっとも重要な役割を担うものと考えられてきたのが「行政行為」という行為形式でした。

「行政行為」の観念

「行政行為」という言葉だけを見ると、なんだ、それはつまり「行政の行為」ということだから、結局行政主体がおこなう行為のすべてが「行政行為」だということになるのではないか、ともいえそうですが、それはもちろんそうではなくて、ここでいう「行政行為」とは、こういったすべての行政活動の中で、特にある決まった特別の性質を備えた行為（活動形式）のことだけをいうのです。くわしくは第六講以下であらためて説明することにしますが、たとえば前に見た例では、公共用地の取得のための土地収用裁決、運転免許およびその取消処分が、ここでいう「行政行為」にあたります。このほか、それ以外の行政分野について見ますと、ざっと思いつくままにひろいあげてみても、更正処分・決定処分などのいわゆる課税処分、建築基準法上の建築確認だとか違法建築物の除却命令、公務員の免職処分、料理飲食業・旅館業・公衆浴場業・風俗営業・宅地建物取引業などさまざまの営業についての免許ないし許可（いわゆる「営業許可」）、またその取消・停止処分、など、私たちの日常生活にかかわる多くの重要な行政活動が、ここでいう「行政行為」としての性質を持っていることになります。

これらの行為は、日常生活の上でしばしば「処分」とよばれることがあり、また、じっさいの法律、とりわけのちに第十一講以下でみる行政事件訴訟法・行政不服審査法などでいう「処分」の観念とも密接な関係を持っています。こういった点についてはあとにゆずることとして、ここではともかく、「行政行為」という活動形式（行為形式）を特徴づけている「特別の性質」とは、いったいどんなものか、ということについて、そのおおよそのところをチラッとだけのぞいておくことにしましょう（ただ、これはほんとうは、理論的にかなりむずかしいことですから、いまの段階では、完全に理解できなくても大丈夫です）。

「行政行為」は、第一に、政令・省令などのいわゆる「行政立法」（後述第八講）とちがって、個別・具体的な私人を相手としておこなわれます。第二にそれは、助言・勧告などのいわゆる「行政指導」（後述第九講2）とはちがい、私人に直接、なんらかの法的義務を課したり、法的利益を与えたりします。第三に「行政行為」は、違法建築物の取り壊し作業とかパトカーによる追跡のような、実力の行使とはちがって、法的義務を課したり権利を与えたりする、その意味ではただ観念的な効果を持つにとどまります。第四にしかし、「行政行為」については、このような法的効果の実効性を確保するために強制手段（強制執行、罰則による制裁など——後述第十講1・

2）が用意されている、といったように、なんらかのかたちで、私人の法律行為とはちがった〝公権力性〟が認められています。くわしくは、のちに第六講以下であらためて説明します。

3　第一講のまとめ

さて、以上説明してきたことを、以下、講義ノート風にまとめてみることとしましょう。

行政法は憲法・民法・刑法などの法分野とちがい、法典をその中心として持っておらず、雑多の法令から成っているが、これらの雑多な法令の規定を背後でつないで、ひとつの法分野へと形成しているのが行政法理論である。わが国の行政法理論の根幹を成してきたのは、ヨーロッパ大陸とりわけドイツの行政法理論に影響を受けた考え方であるが、この考え方のもとでは、行政活動という現象は、基本的に「行政主体」と「私人」との間の相互関係としてとらえられ、この「行政の外部関係」を規律する法が「行政作用法」とよばれる。ほかに「行政主体」の内部組織すなわち「行政の内部関係」を規律する「行政組織法」の分野も存在するものとされるが、これは前者とはその内容をいちじるしく異にする。「行政主体」は「私人」に対してさまざまなかたちで接するが、行政法理論にとっては、行政主体のそれぞれの行為によって、私人の権利・利益がどのような影響を受けるか、すなわちその「活動形式（行為形式）」がどのようなものであるかが重要な意味を持つ。このような見地からして、従来もっとも重要視されてきたのが「行政行為」という行為形式である。

以上は、これまでのわが国の行政法学（行政法理論）が、「行政」そして「行政法」をどのようにとらえてきたか、ということについての説明ですが、じつは、現在の行政法学が抱えている最大の問題として、行政活動についての、このような基本的なとらえ方が、はたして現在のわが国の行政そして行政法の現状をとらえるのに十分であるか、という根本的な問題があります。じっさいのところ、こんにちでは以上見てきたような従来の「行政」観と、現実の行政のあり方との間には、さまざまのギャップが見出され、そのことがまた、従来の行政法理論にも多くの修正を迫るようになっているのです。こういったことの詳細については次講以降、折にふれて説明してゆくことになりますが、しかし、このような現在新たに出てきている多くの複雑な問題の正確な意味を理解するためにも、まず、出発点として、以上のような（ある意味では古典的な）考え方のおおよそをしっかりと理解しておくことがだいじであるように思います。

第二講　行政法上の法関係

1　行政の外部関係

さまざまの活動形式

「行政の外部関係」という言葉については、第一講ですでに説明しました。おさらいしておくと、それはつまり、国・地方公共団体などの「行政主体」と、個人・私企業などいわゆる「私人」との間の相互関係のことでした。そして、こういった関係において、行政主体は私人に対して、じつにさまざまなかたちで接していること、いいかえれば行政の活動形式はすこぶる多様なものである、ということについても、第一講ですでにお話ししました。

ところでここでぜひ注目しておいていただきたいのは、行政主体がおこなう行為（活動形式）の中には、なにも行政主体と私人との間においてだけでなく、ふつうの私人と私人との間の関係（つまりいわゆる民事法関係）においても見られるようなものもまた、少なからずある、ということなのです。たとえば税金をかけたり強制的に取り立てたりするばあい（いわゆる税金の賦課徴収）だとか土地を強制的に収用するばあい（いわゆる公用収用）などでは、国・地方公共団体（ここではその機関としての税務署長とか収用委員会）には、相手方である納税者や土地所有者の同意がなくても、最終的には一方的に税金を課したり土地の所有権を取り上げたりする力（つまり「行政行為」をおこなう権限）が、法律上与えられていますし、また、相手方がそれにしたがわないばあいには一方的に実力行使をしてそれを実現する力が与えられています（滞納処分・明渡しの代執行）。これは、私たちふつうの市民がなにか事業をしたり家を建てたりするために、他人からお金を借りたり土地を手に入れようとするばあいとはおおいにちがう、ということは、だれが見ても明らかですね。ところがこれに対して、たとえば、国道や県道の修理をしたり橋をかけたりするために、国や地方公共団体が建設会社に工事を発注するばあいをとってみると、そこではやはり、発注者である国・地方公共団体と受注者である会社との間に、工事の請負契約がむすばれて、ことが進められているわけで、それは、私たちが自宅の建築のために工務店との間で契約をむすぶばあいと、そんなにちがいはないのじゃないか、という感じがします。それからまた、まったくおなじ目的を達成するために、行政主体が、私人との間でまさつをおこさないように、行政行為のような権力的手段を利用するのをむしろ避けて、あえて私人間の取引行為とおなじ方法によってやろうとすることもあるわけで、たとえば、前に見たように、公共用道路のための用地買収にあたっては、法律上は土地収用という権力的な方法を利用することができるのにもかかわらず、ふつうはむしろ、土地所有者との話し合いにより、民法上の売買契約によって土地が取得されているわけです。

「公法」と「私法」の観念

このことは見方を変えていうと、行政主体と私人との相互関係について定めている法令の中に、私人と私人の間だったら絶対に適用されないような法令（先の例では所得税法・法人税法のような租税法とか土地収用法など）と、私人間でもまたごくふつうに適用される法令（民法・商法など）とがある、ということになります。そして古くから行政法理論では、前者、つまり（ややむずかしい言葉を使えば）「行政活動に固有な法」を、「（行政に関する）公法」とよび、そして後者、つまり「私人間でもまた適用されている法」を、「（行政に関する）私法」とよんで区別した上で、およそ行政に関する法の中でも特にこの「行政に関する公法」だけが行政法に属するのだ、という考え方をしてきたのでした。

さて、こんなふうな考え方をしますと、次にはとうぜん、行政活動に関するさまざまな法規定の中で、いったいどれがこの意味での公法に属し、どれが私法に属するのか、という問題だとか、また、行政主体のいろいろな活動のうち、なにが公法によって規律され、なにが私法によって規律されるのか、といった疑問が出てくることになります。そしてじつはこの問題は、かつては、「公法と私法の区別およびその判別基準」の問題として、行政法学のみならず、法律学一般についてのもっとも重要なテーマのひとつとされていたのでした。

行政法学でこの問題が特にさかんに議論されたのは、ひとつには、それが裁判制度のあり方と深い関係を持つものと考えられたからでした。これはあとでくわしく説明することですが（第十一講）、行政法の重要な問題のひとつとして、行政活動が正しくおこなわれていないと思われるとき、私たち市民は、はたして、またどのようにして、裁判所に訴えることができるだろうか、という問題があります。この点、たとえばドイツやフランスなどの国では、昔から、特にこういった訴えだけを取り扱う「行政裁判所」という制度があって、私人間におこった民事・刑事の争いを取り扱うふつうの裁判所（「通常裁判所」といったり「司法裁判所」といったりすることもあります）とは区別されています。そして、こういった制度のもとではおおむね、おなじ行政活動であるといっても、先ほど見たような意味での「公法」によっておこなわれた活動についての訴えは行政裁判所が取り扱うけれども、「私法」にしたがっておこなわれたものは、私人間の争いのばあいとおなじように、通常裁判所が扱うのだ、という考え方がとられてきたのでした。こういう考え方に立ちますと、私たちが、たとえばほんらい納めなければならない額以上の税金の納付を命じられたとか、道路建設のためには必要ではないはずの土地を収用された、というようなばあい、いったいどの裁判所に訴えを起こせばよいのか決めるためには、これは「公法」上の問題なのか「私法」上の問題なのか、を決めなければならない、ということになるわけです。じつはわが国のばあいにも、明治憲法時代には、「行政裁判所」があって、まさにこういったことが必要だったわけですが（あとでまた見るように、こんにちの法律の上にも若干その名残が見られます。参照、行政事件訴訟法四条）、ただ、ドイツやフランスなどの国とちがって、現在のわが国には、そもそも「行政裁判所」というものがなくなっており、行政活動に関する訴えは、ひっくるめてふつうの裁判所（地方裁判所、高等裁判所、最高裁判所）が受け付けてくれることになっています。そこで、こういった状況のもとでは、「公法」と「私法」の区別ということを、そんなに重大な問題として考える実際上の必要があるかどうかは、かなり疑わしくなるわけで、そんなこともあって、こんにちではこの問題は、もはやほとんど行政法学者の関心の対象とはならなくなってしまいました。

私もまた、行政の外部関係についての法問題としては、「公法と私法の区別」よりもこんにちずっと重要な問題があるように思います。それは、一口でいえば、「法律による行政の原理を中心とした法治主義の原則が、どこまで、また、どのようなかたちで適用されるか」ということ、そしてまた、そのこととの関係で「行政活動に対して私人の権利・利益は、どのように保護されるか」、ということなのですが、これはかなりむずかしい話になってしまいました。次講であらためてくわしくお話しすることにしましょう。

2　行政の内部関係

従来の行政法理論は、主としては行政の外部関係についての法（行政作用法）を中心として発展してきました。それは、なによりも、行政主体の活動に対して私人の権利をまもるということに最大の関心が置かれてきたからで、この書物でも、次講からは、すべてこういった外部関係上の問題を取り上げることになります。でも、内部関係の問題も、決して重要でないわけではないので、外部関係の詳細については、次講以下にゆずることとして、その前にこの講では、あと、内部関係について少しくわしく見ておくことにしましょう（ただ、この部分はかなりむずかしい内容になりますから、ここでは飛ばして読んで、全一六講を勉強したあとで改めて勉強することにしたほうが、良いかもしれません）。

さて、「行政の内部関係」においては、いったいどういった人たちの間のどういった法関係が問題になるのでしょうか。以下、これを順次説明してみたいと思いますが、その際まず、いくつかの専門用語について、理解していただく必要があります。

「行政機関」の観念（一）

国や地方公共団体などは、これまで見てきたように、「行政主体」として、私たち「私人」との間に生まれる法関係（行政の外部関係）の当事者となるわけですが、ただ、国にしてもまた都道府県・市町村にしても、あくまでもひとつの組織（法人）であって、それ自体が現実の人間（自然人）であるわけではありませんから、行政主体が自分の権利を行使したり義務を履行したりするためには、現実には多くの人々が行動しなければならないことになります（これは、ふつうの会社が会社（法人）としての権利の行使や義務の履行をするばあいであってもまったくおなじことです）。そこで、これらの人々がそのために、この組織の中でそれぞれどのような役割分担をするか、いいかえれば行政主体のためにどういったことをする「権限」を有しまた「責務」を負うか、ということが問題になります。これは、およそひとつの「組織」であれば、会社であろうが組合であろうがクラス会であろうが、必ず生じる問題であるわけですが、この点、「行政主体」のばあいには、法律を始めとするさまざまの法令（たとえば国のばあいであれば、内閣法、内閣府設置法、国家行政組織法、各省の設置法――後出三〇～三一頁参照――、その施行令など。地方公共団体のばあいであれば、地方自治法、各地方公共団体の条例など）によって、すべてくわしく定められています。その結果、これらの人々の中に、どんな権限を持ち責務を負うか、といったちがいにしたがい、内閣総理大臣、大臣、副大臣・政務官・事務次官、局長、課長……といった区別がなされることになるわけです。言葉をかえていえば（いささかむずかしいいい方になりますが）、これらの人々はそれぞれ、法令などによって設けられている、ある一定の権限と責務とを与えられたひとつの法的地位ないしポスト（大臣、次官、局長など）に就いて活動している、ということになるわけで、この法的地位のことを、行政法学では一般に「行政機関」とよんでいます。

行政の内部関係とは、したがって、行政法学の見地からは、おおむね、この意味での「行政機関」相互の間の法関係だ、ということになります。そして、この法関係について定める法の分野のことを、（前出九～一〇頁でも見たように、「行政作用法」と区別して）「行政組織法」とよんでいるわけです。

「行政機関」の観念（二）

このように、行政組織法（つまり行政の内部関係に関する法）にとってもっとも基本的な観念は「行政機関」という観念だ、ということになるのですが、ただ、このことをより正確に理解していただくためには、この言葉の意味について、さらにいくつかの説明をつけたしておく必要があるように思います。

(1) 「独任制の行政機関」と「合議制の行政機関」

まず第一に、「行政機関」というのは、前に見たように、法令によって定められた権限と責務とを有するひとつのポストのことなのですが、このポストに就く人間が一人であるばあい（大臣・事務次官・税務署長など）でなく、複数の人間によってつくられている合議体そのものにこういった権限と責務が与えられているばあい（たとえば内閣、公正取引委員会、都道府県公安委員会など）もあります。そして、このあとの方のばあいには、この合議体が全体としてひとつの「行政機関」であることになるわけです。前のケースを「独任制の行政機関」といい、あとのケースを「合議制の行政機関」ということがあります。

第二に、これらの行政機関は、それが、法令によってどんな任務を負わされまたどんな行為をすることとされているか（いいかえれば、どんな内容の権限と責務を有しているか）によって、理論的に、いくつかの種類に分けられています。この分け方にはいろいろあるのですが、とりわけ、「行政庁」と「補助機関」との区別について説明しておきましょう。

(2)「行政庁」と「補助機関」

「行政庁」というと、ふつう皆さんが思い浮かべるのは、財務省だとか国土交通省、そして県庁だとか市役所といった、いわゆる「お役所」のことだと思います。しかし、行政法理論でいう専門用語としての「行政庁」は、これとはちょっとちがうことを意味しているのです。ちょっとむずかしいですが、結論を先取りして、講義ノート風にまとめてみますと、次のようになります。

「行政庁」とは、みずからの名で、しかし行政主体のために意思決定をし、対外的に（つまり私人に対して）これを表示する権限を、法令上与えられている行政機関のことをいう。

これはどういうことか、具体的な例を使って説明してみましょう。たとえば、私たちは、所得税法とか相続税法とかいった法律の定めるところによって、国に対して税金を納めなければならないこととされているわけですが、これを法律学的ないい方でいいかえてみると、結局、国が私たち国民に対して国税を賦課しまた徴収する権利（つまり「租税債権」）を持っている（逆に国民は国に対し税金を納付する義務――租税債務――を負っている）、ということになるわけです。ところでこのばあい、この権利はだれの権利か（租税債権の帰属主体はだれか）というと、それはとうぜん、法人格を持ち、権利義務の主体であることを法律上認められている、「行政主体」としての国だ、ということになります。ところが、じっさいの法律の上では、国民に対して現実に税金を賦課したり、強制的に徴収したりするのは、国そのものではなくて、単なるその一機関であるにすぎない税務署長の任務とされているのです（国税通則法二四条、二五条、四〇条などを参照してください）。じっさい、課税処分や納税の督促などは、「〇〇税務署長」という名前でなされています。このばあいの税務署長の立場がまさに「行政庁」だ、ということになります。またたとえば、道路交通法を見ると、運転免許を与えたりその取消しや停止をしたりするのは、都道府県そのものではなくて、都道府県の「公安委員会」だ、ということになっていますが（道路交通法八四条、一〇三条）、このばあいの公安委員会は、「合議制の行政庁」としての資格を持っている、ということになるわけです。このように、「行政庁」は、数多くの行政機関の中でも特に、直接に私人の権利・義務を左右する立場にありますから、「行政の内部関係」だけでなく、むしろ「外部関係」で、重要な意味を持つことになるわけですが（たとえば、行政事件訴訟法一一条の規定を参照してください）、こういったことについては、またあとでくわしくお話しすることにしましょう。

これに対して、「補助機関」というのは、行政庁のこういった任務を補助しまた現実に執行する、そのほかすべての行政機関のことを意味します。たとえば先に見たように、法律上税務署長が税金を賦課徴収する権限を持ち責務を負うこととされているといっても、じっさいには税務署長が自分で課税処分の書類を全部つくったり、財産の差押に出かけてゆくといったことをやっているわけではないので（そもそもそんなことは不可能です）、こういった作業は、税務署の数多くの職員が、それぞれ決められた職務に応じて分担しているわけですね。これらの職員はつまり、「行政庁」としての税務署長の「補助機関」として、こういったことをしているのだ、ということになるわけです。

(3)　「理論上の行政機関」と「制定法上の行政機関」　「行政機関」という言葉に関連して第三に注意しなければならないことは（これははなはだやっかいなことなのですが）、「行政機関」それからまた以上に見た「行政庁」「補助機関」などといった言葉は、どれも、もっぱら理論上の必要に基づいて行政法学でもちいられてきた、いわば一種の学術用語なのであって、私たちのふだんの生活で使われているこれらの言葉や、また、じっさいの法律の条文の上で使われているこれらの言葉と、必ずしも意味がおなじであるとはかぎらないということなのです。たとえば、「国家行政組織法」という法律がありますが、この法律では、その別表第一に掲げてある一一の「省」、五つの「委員会」そして一五の「庁」を「国の行政機関」とよんでいます（参照、同法三条）。ところが、これらのお役所は、必ずしもいつも先に見たような意味での「理論上の行政機関」としての性質を持っているというわけではありません。なぜかというと、これらのお役所は（中央労働委員会や別に内閣府設置法六四条に掲げられた公正取引委員会などのように、それ自体が合議制の行政庁としての性質を持っているものを除くと）それぞれ、先ほど見た意味での行政庁とか補助機関とか多くの行政機関が集まることによってできあがっているのであって、その意味では、「機関」というよりは、ひとつの「組織体」としての性格を持っているからです。でも、じっさいの法律は、これらを「行政機関」とよんでいるわけで、いわば法律上の用語法と学問上の用語法とがずれているわけです。そこで、このちがいをあらわすために、行政法学では、国家行政組織法上のこれらのお役所のことを、特に「国家行政組織法上の行政機関」とよぶことがあります。

なお、「行政機関」という言葉は、そのほかにも、いろいろな法律で、その法律なりの意味で使われていますので、これらをひっくるめて、先に見た「理論上の行政機関」（行政法学では、ふつうこちらの方を単に「行政機関」とよんでいます）と区別する意味で、「制定法上の行政機関」とよぶことにしたいと思います。

以上見たように、「(理論上の) 行政機関」というのは一種の「ポスト」のことですから、じっさいには、このポストに就いてはたらいている、現実の人間がいることになります。そしてこの人たちは、行政主体から給料をもらい行政主体のためにはたらいている（つまり行政主体との間で雇用関係に立っている）わけです。これらの人々のことを「公務員」というわけですが、通常のサラリーマンなどのばあいには、こういった雇用関係（労働関係）の上での権利や義務については労働基準法・労働組合法などの法律が定めているのに対して、公務員のばあいには、べつに、国家公務員法・地方公務員法などの法律があって、特別の定めがされています。なお、「公務員」は、ふつう国または地方公共団体の職員の身分について用いられる観念なのですが、例外的に、その他の行政主体の場合でも、その職員に公務員としての身分を与えているケースがあります（たとえば、独立行政法人通則法五一条を見てください）。

公務員

従来、この公務員法上の法関係は、行政の内部関係について定める行政組織法の分野に含まれるものと考えられてきたのですが、私はこういう考え方には反対で、むしろ、現在の国家公務員法・地方公務員法のもとでは、公務員の勤務関係も、基本的には外部関係に属することになっており、行政作用法の分野に含まれている、と考えた方がよいと思っています。くわしくはここでは省略します。

3　行政機関と行政機関の間の法関係

基本的性格（一）

行政組織は、非常にたくさんの人々が活動しながら、それらがすべてひとつの「行政主体」の活動としての意味を持つことができるようにするためにあるのですから、こういった人々（行政機関）相互の関係について定める法（行政組織法）では、まずなによりも、これらさまざまの行政機関の間でできるだけ全体としての考え方（行政主体としての意思）の統一をはかることができるような制度を考えなければならない、ということになります。そのためには、まず、組織の上の方に位置する者（上級機関）のいうことに、下の者が忠実にしたがう、という原則を立てることが必要だと考えられてきました。これがのちに見る「上級機関の指揮監督権」の問題です。

しかし他方で、行政組織のあり方をどうするかについては、行政主体がまったく自由にこれを決めてよいというわけではないのです。とりわけ、国家行政組織法だとか内閣府および各省の設置法（総務省をはじめとする先に見た「国家行政組織法上の行政機関」については、それぞれ、その組織についてくわしく定めた法律——総務省設置法、法務省設置法、外務省設置法ｅｔｃ——があります。これらの法律をひっくるめて、ふつう「各省設置法」とよんでいます。なお内閣府については、内閣府設置法があります）、さらに地方自治法や条例などによって立法機関（つまり国民・住民の代表である国会・議会）がおこなっている規律については、行政主体はこれに違反した組織づくりをすることはできません。このことからしてたとえば、行政機関は、法律上にそれを許す規定がないのに、自分が持っている権限をほかの行政機関にゆずり渡したり（移譲）まかせてしまう（委任）ことも許されないのです。

これは、正確にいうと、次講から勉強することになる、行政作用法上の「法律による行政の原理」とはちょっとべつのことがらなのですが、そのおおもとをただせば、おなじように、日本国憲法が採用している、立法権と行政権との間の相互関係についての、基本的に立法権優位の考え方からくる原則なのだ、ということができましょう。

基本的性格（二）　行政組織法というのは、もっぱら行政の内部関係において行政機関相互の間での権限や責務の割り振り（配分）をするためのルールなので、行政組織の外にいる私人の権利・義務に対して直接に影響を与えるものではありません。たとえば、のちに見るように（後述一四三頁および一四六頁以下）、上級機関が下級機関に対して指揮監督をするために定める「訓令・通達」は、私人に対しては直接に法的な拘束力を持たないとされているのですが、これはそういった理由からなのです。

上級機関の指揮監督権

行政主体としての意思の統一をはかるために、上級機関には、下級機関に対して、報告の聴取、訓令・通達、同意（承認）など、さまざまなかたちで指揮監督をする権限が与えられています。これは法律上明文で書かれていることもありますが（たとえば参照、国家行政組織法一四条二項）、かりに法律上の規定がなくても上級機関はとうぜんにこういった権限を持つものと、ふつう考えられています。これは「外部関係」において（行政作用法上）行政機関が私人になにか命じたりしようとするばあいとは、おおいにちがいます（後述四四頁以下参照）。

そして、訓令や通達などによる上級機関の指揮命令が出されると、組織全体としての意思の統一ということを重要視しなければなりませんから、かりにこれらが違法であると考えられるばあいでも、下級機関はこれにしたがわなければなりません。こういった指揮命令は、同時にまた公務員法上の職務命令（参照、国家公務員法九八条一項、地方公務員法三二条）としての性質を持っていますから、したがわないと、この下級機関の立場にある人には公務員法上の懲戒処分（国家公務員法八二条一項一号・二号、地方公務員法二九条一項一号・二号）を受ける可能性が出てくることになります。ただしその違法が重大なものでありかつ明白であるばあいには、こういった服従義務は生じないというふうに、考えられています。

指揮監督権の限界

ただ、上級機関の指揮命令権といっても絶対的なものであるわけではないので、理論的にいえば、それが上級機関に与えられている指揮監督権の限界を越えた、と考えられるばあいには、その指揮命令は違法だ、ということになります。ではその限界とはなにか、ですが、それは基本的には、法令（法律や、法律に基づいて定められた政令・省令など）の規定だ、ということになります。つまり、法律をはじめとするかずかずの行政組織法令は、行政機関と行政機関との間に権限と責務を振り分けているのですから、上級機関といえども、法令が下級機関に一定の権限を割り振っている意味を失わせてしまうようなかたちの指揮監督をおこなったとすれば、それはとうぜん法令違反で許されない、ということにしないとおかしいわけです（ただ、だからといってとうぜんに、下級機関がこれを無視してよいか、というと、それはまた別問題だ、ということは、先に見たとおりですが）。こういった見地から、たとえば次のような点が特に注意されなければならないでしょう。

(1)　**権限行使の独立性を保障された行政機関**　法令が、ある行政機関に上級機関からの指図を受けることなく、独立に権限を行使すること（権限行使の独立性）を特に認めているばあい（たとえば会計検査院、人事院、公正取引委員会等の行政委員会など）が、ままあります。これは、それらの機関が中立・公正な判断をすることができるようにするなどの理由からそうなっているのですが、こういったばあいに、上級機関がそのかぎりで指揮監督権を持たないことはいうまでもありませんん（このようなケースで出された指揮命令には、先に見た意味での、重大明白な違法があるものといってよいでしょう）。

(2) 代替執行は原則的に許されない

上級機関に指揮命令権があっても、下級機関がこれにしたがわないときに上級機関が代わって下級機関の権限を行使してしまうということは、とうぜんには許されません。なぜなら、こんなことを認めると、法令が上級機関と下級機関との間にそれぞれ権限を配分したのを変更するのと、実質上おなじ結果をもたらしかねないからです。こういった「代替執行」が許されるのは、たとえば、かつてあった職務執行命令訴訟手続（参照、平成一一年改正前国家行政組織法一五条、平成一一年改正前地方自治法一五一条の二）のように、法律上、これを許す特別の規定があるばあいだけです。

調　整　数多くの行政機関の間で意思を統一するための方法として、行政法学では、古くから、これまで見たような「上級機関の指揮監督権」が、もっとも重要なものだと考えられてきました。しかし、じっさいには、こんな直接的でハードな方法ではなく、たとえば「協議」（つまり「話し合い」）といった、もっとソフトな方法や、あるいはまた、人事権だとか予算の配分権などを利用して下級の機関を思うように動かす（つまり、自分の思うように行動しない下級機関は、人事権によって人を代えてしまう――いわゆる「更迭」――とか、自分の思うようなことをやってくれるところにのみ予算を多く配分する、といったこと）、というように、間接的な方法がとられることの方が、ずっと多いのです。行政学ではこういった方法のことを、一般に「調整」という言葉でよんで、以前からさかんに議論されていますが、「調整」という言葉は、行政法上も用いられるようになってきてはいるものの（たとえば参照、国家行政組織法二条二項、五条二項）、ただ、これらの「調整」が、どんな法原則によって規律されるのか、ということについては、じつはまだ、あまりよくわかっていません。むしろ、「調整」という言葉自体は意思の統一という目的そのものを意味するのであって、そういった目的を達成するために、ハードな方法ソフトな方法がさまざまに用いられるのだ、というふうに考えた方がよいのかもしれません。

4　行政主体と行政主体の間の法関係

「内部関係」であるとされるばあい

これまで見てきたように、法主体（自然人、法人）はすべて「行政主体」か「私人」かのどちらかに分かれるのだ、と考え、そこからまた行政の「内部関係」と「外部関係」とをはっきりと区別して考えようとする従来の行政法学の立場から出発しますと、「行政主体」は「私人」とはまったく性質がちがうわけですから、国や地方公共団体など行政主体どうしの間の関係もまた、国（行政主体）と一般市民（私人）の関係とはちがった性質を持つものだ、ということになります。そして、そこでは、行政の「外部関係」についての行政作用法の諸原則は、ただちには適用されない、ということになるわけです。こうしてたとえば国が地方公共団体に対してする監督的行為（参照、地方自治法二四五条以下。現行の法律上はこれを「関与」といっています）だとか、また、国が、ほかの行政主体に対してする監督的行為（参照、最二判昭五三年一二月八日民集三二巻九号一六一七頁、最一判昭四九年五月三〇日民集二八巻四号五九四頁）などは、従来しばしば、行政主体が私人に対しておこなう行政行為（処分）なのではなくて、むしろ行政組織内部の行為（いわゆる「内部的行為」）なのだとして、取り扱われてきました。

「外部関係」であるとされるばあい

けれども、よく考えてみますと、先に見たように、「行政主体」は「行政機関」とはちがって、それぞれが独立の法人格を持っているのですから、りくつからいえば、ある行政主体がほかの行政主体の組織の一構成部分を成すというようなことはないはずではないか、という疑問がわいてきます。それからまた、これもう先に見たことですが、行政主体はじつにさまざまな行為形式を利用して行政活動をおこなっているので、そのちがいに応じて、ほかの行政主体との間の法関係もいろいろとちがってきます。たとえば、地方公共団体が業者から事務用具・資材などを購入すれば、消費税込みの代金を払わなければならない（国に対して消費税を負担する）ので、これはふつうの市民が買い物をするばあいとなんら変わるところはありません。また、このように財産管理的な行為でなく、直接公共の利益に仕えることを目的とする活動をするばあいでも、私人（私企業）とまったくおなじ立場で国の監督行為を受けることがあります。たとえば市町村がバス事業をやろうとするとき、私企業のばあいとまったくおなじように道路運送法四条による国土交通大臣の免許を受けなければならないのは、その典型例だといえましょう。こうして、じっさいには、とりわけ国がほかの行政主体に対してする監督措置について、いったいそれはほんとうに行政組織内部的な措置といえるのかどうか、判断のむずかしいケースもしばしば出てくるのです（たとえば、先にあげた最一判昭四九年五月三〇日の事件では、地方公共団体や国民健康保険組合が事業主体として国民健康保険事業をするとき、その法的立場はどんなものなのか、について、最高裁判所と第一審・第二審の裁判所の考え方はまったくちがったものとなっています）。現行法上は、行政主体またはその機関がその「固有の資格において当該処分の名あて人となる」かどうかで、私人を対象とした法律の規定の適用を除外するか否かを分けている例がありますが（行政手続法四条一項、行政不服審査法七条二項等）、この点についての詳細には、ここではこれ以上立ち入らないことにします。

第三講　法律による行政の原理

1　「法律による行政の原理」とはなにか

「法律による行政の原理」の背景

さて、これから、わが国行政作用法の制度と理論とが、だいたいどんなものであるか、ということを見てゆくことになりますが、その際私は、たぶん、「法律による行政の原理」ということについてのお話からはじめるのがよいのではないか、と思います。「法律による行政の原理」とは、かりに一言でいうならば、「行政の諸活動は、法律の定めるところにより、法律にしたがっておこなわれなければならない」という法原則（法思想）である、といってよいと思いますが、いわば、「万有引力の法則」が、天体の複雑な動きを説明するためのもっとも基本的な原則であるのとおなじように、この原則がわが国の行政作用法理論のもっとも基本的な骨格をかたちづくっているのだ、ということができるでしょう。

ところで、この法原則の意味を理解するためには、いささか歴史的な知識が必要になります。高校までに世界史を勉強した方ならば、ヨーロッパの、いわゆる絶対王政時代（行政法学ではこれをしばしば「警察国家時代」とよびます）と、それを打ち破ったフランス革命などの市民革命のことを覚えておられると思います。ごくかんたんに振り返ってみると、ヨーロッパでは中世の封建制のあと絶対王政が登場したわけですが、そこで立法・行政・司法三権を一身に握っていた専制君主（絶対君主）の包括的・絶対的な権限を抑えるために、ヨーロッパの市民革命期を中心として、モンテスキューなどの名前で知られる「権力分立」の思想（または「三権分立」の思想）が生まれ、近代的な法治主義国家が登場することになったのでしたね。ところで、絶対君主がなぜそんな包括的・絶対的権限を持つことができたのか、というと、少なくともそれを正当化するりくつは、それが「公共の福祉」のために必要だから、ということでした。しかし、どんなに「公共の福祉」の実現のためだから、といっても、なにが「公共の福祉」なのか、なにがそのために必要なのか、といったことを君主一人が決めてよいのか、という問題があるわけで、こういったことを決めるのに国民が無関係であってよいはずがない、というのが、権力分立思想が生まれる理由だったわけです。

「法律による行政の原理」とは、（多少シャレたいい方をしますと）いわば、このような権力分立思想の、行政法の平面における投影物である、ということができます。この意味で、「法律による行政の原理」というのは、まず、「行政は、たとえどんな理由づけ（たとえば〝公共の福祉〟〝国民の生命の安全〟など）によってであろうとも、行政権の担い手（行政機関）のかってな判断でおこなわれてはならず、国民の代表である議会（国会）が定めた一般的なルール（法律）にしたがってのみ、おこなわれなければならない」という原則である、ということ（特にこの傍点をふった部分）が、非常に重要なのです。

しかし、これだけではまだ、「法律による行政の原理」とはどんな意義を持つ原則なのか、ということを理解するのはむずかしいでしょう。そこで、今度は、いま歴史的に見たことを、ひとまず歴史とは切り離して、多少理論的に説明しなおしてみることにしましょう。

「法律による行政の原理」の意義

(1)　まず第一に、この原則が、「法による行政」の原理なのではなくて、「法律による行政」の原理とされている、ということに注意してください。〃法治主義〃（または〃法治行政〃）という言葉を聞かれたことがあると思いますが、これは、「法によって、国家権力（または行政）の担い手がすきかってなことをすること（恣意）を抑える」という考え方だといってよいでしょう。ところで、そこでいう「法」の中には、理論的にいえば、たとえば、①〃神の律法（神様が定めた戒律）〃や、②〃一定の世界観（偉大な思想家が考え出した主義・思想など）〃なども あれば、③〃一国ないし一民族に古くから伝わる不文の慣習法〃もありえます（現にたとえば、イスラム国家の「法」は①のパターンに近いものですし、社会主義国家の「法」は②に近く、またイギリスの法治主義の中心となっている「コモン・ロウ（common law）」は、まさに③のパターンの代表例だといえるでしょう)。そして「法律による行政の原理」は、こういったもろもろの〝法治主義〟のモデルの中でも、特に、(神様やご先祖様のように偉くはないかもしれませんが、ともかくも現に生きている私たち国民の代表であるところの)議会が、一定の手続と形式によってつくった法規範、つまり「法律」を、そこでいう「法」である、とするものであるところに、なによりも特徴があるのです。そしてこのように、「法律」は、その時々の国民の代表である議会の意思をあらわすものなのですから、議会の意思が変われば、それは議会の過去の意思(つまり以前からある法律)に優先して効力を持つことになります(「後法は前法を破る」との原則。先の①~③のパターンの法治主義のもとでは、とうぜんにはこういうことにはなりません)。

このようなものとしての「法律による行政の原理」には、したがってまた、いい方を変えれば、次のようなふたつの基本的な考え方が下敷きになっているということもできるでしょう。そのひとつは、行政活動がおこなわれるにあたり、国民の法的安全(または法的安定)がはかられなければならない、という考え方であり、ふたつには、行政活動がおこなわれるにあたっては、国民からの民主的なコントロールの道が確保されていなければならない、という考え方です。まずその最初のほうについて、わかりやすい例で考えてみますと、たとえば、国の経費をまかなうために私たちが税金を納めなくてはならないのはしかたがないとしても、いったいどれだけの収入があればどれだけ税金を取られることになるのか、前もってわかっていなければ、かせいだお金をどれだけ生活に使い、また再投資に回してよいのかわからなくなりますね。また、自宅を新築しようとするばあい、法律上いけないとは書いてないので三階建ての豪邸を建てたところ、隣の家に迷惑だから三階の部分は取り壊せ、と市から命じられた、といったことがあれば、たいへん困ることになります。こういうように、行政活動によって国民の生活秩序が乱されることがないようにするために、行政は、必ず、前もって定められている一般的な基準にしたがっておこなわれるのでなければならない、というのが、その意味です。また、ふたつめの方は、いまのような理由（国民の法的安全）から必要とされる一般的な基準が、行政機関がかってに決めた基準であったりしたのでは不十分なので、まさに先ほど見たような意味を持つ「法律」、つまり私たち国民自身の代表（国会）が定めた法でなければならないのだ、ということを意味しています。

(2)　第二に、「法律による行政の原理」は、もともとこのようにして、行政（の担い手）の恣意をコントロールすることにより、私たち国民（私人）の権利・自由を保護する、というねらいを持っています。つまりこの原則のもとでは、行政が法律にしたがっているということ（行政の法律適合性）がなによりも重要なこととして要求されるわけですが、しかしそれは、行政が法律にしたがっておこなわれるということそれ自体が自己目的であるからではなくて、もっぱら、そのことを通じて「行政主体」に対し「私人」の権利や自由をまもる、ということをねらっているからなのです。ただそのばあい、「法律による行政の原理」においては、もともと、行政の「法律」

適合性が確保されるならば、それはすなわち私人の権利保護に仕えることともなる、という前提があるのです。

問題は、こういった前提が崩れたばあい、つまり「法律」にしたがった行政がおこなわれることによっては、必ずしも私人の権利・自由が十分に保護されるとはいえず、むしろその逆の結果にすらなりうる、というばあい、それにもかかわらず、行政の法律適合性ということは、動かすことのできない大原則として貫徹されなければならないのか、ということにあります。たとえばドイツのナチス時代にそうであったように、法律自体が、国民の基本的人権を踏みにじるようなものであるといったばあいにはどうでしょうか？　じつはこの問題は、しばしば〝形式的法治主義かそれとも実質的法治主義か〟というタイトルのもと議論されてきた、たいへんむずかしい問題なのですが、次講であらためて触れてみることにしたいと思います。

2 「法律による行政の原理」の具体的内容

さて、以上見てきたような意味で、「法律による行政の原理」とは、さしあたり「行政は法律の定めるところにより、法律にしたがっておこなわれなければならない」という原則である、ということができます。しかし、じつはこれだけではまだ、説明として不十分なので、よりくわしく見てゆきますと、この原則には、もう少し具体的な内容がいろいろとあるのだ、ということがわかってきます。ここではその中でも特に重要な「法律の優位の原則」と「法律の留保の原則」について説明することにしましょう。

法律の優位の原則

法律の優位の原則というのは、「行政活動は、現に存在している法律の定めに違反しておこなわれてはならない」という原則だといってよいでしょう。わが国のばあいのように、憲法によってはっきりと、ヨーロッパの市民革命期以来の三権分立原則が採用されているような国では、行政権が立法権の定めたことに違反して行動することが許されないのは、いわばあたりまえのことで、こんにちでは、わが国でもこういった法原則が通用しているのだということを疑う人は、まずいないといってよいと思います。この原則は、すべての種類の行政活動について適用されるもので、たとえば、その活動が一般的・抽象的な行政立法行為（後述第八講参照）であるか、個別具体的な行政行為（前述第一講２および後述第六講・第七講参照）であるかを問わず、また、私たち市民（私人）の権利義務に直接影響をおよぼす行為であるかそうでないか（後述第九講２を参照）も関係ありません。また、もちろん、権力的行政活動であるか非権力的な行政活動であるかといったことも、問題にはなりません。

法律の留保の原則

法律の留保の原則というのは、一言でいうとすれば、「行政活動は、それがおこなわれるためには、必ず法律の根拠（すなわち法律の授権）を必要とする」ということになりましょう。ただ、これだけいったのでは、先に見た「法律の優位の原則」といったいどこがちがうのか、よくわからないかもしれません。そこで、この点はこんなふうに考えてみてください。「法律の優位の原則」というのは、先に見たように、「行政活動は、現に存在している法律の定めに違反しておこなわれてはならない」という原則だったわけですが、この原則を意地悪く読むと、「では逆に、行政庁は、現に存在している法律に触れるのでないかぎりなにをしてもよいのか」というりくつにもなるのではないでしょうか？

たとえば、現在のわが国には、「共かせぎの二人が結婚したら、世帯がひとつになったことによって浮いた生活諸経費の額の○○パーセントを税金として納めなければならない」などということを定めている法律はありませんが、また逆に、こんな税金は取ってはいけない、ということを定めている法律もありません。だから、もし国税庁が、国家財政の赤字をまかなうために、ある日とつぜんこういった「結婚税」を徴収することにしたとしても、それは、なんら「現に存在している法律の定め」に違反することにはならないわけです。つまり、「法律の優位の原則」だけでは、こんな課税を防ぐことができないことになります。「法律の留保の原則」はまさに、そんなことにならないようにするための法原則なので、つまり「かりに現在ある法律の定めにはなんら違反するところがないばあいであっても、行政活動がおこなわれるためにはさらに、行政はそういう活動をしてもよいということをはっきりと定めた法律の規定がある（つまり法律の授権がある）のでなければいけない」ということを定める原則なのです。この原則があるからこそ、私たちも、（現在のところはまったく法律上に根拠のない）先のような「結婚税」をいきなりかけられるような心配はないわけです。

この原則は、いまのような税金のばあいについては、日本国憲法八四条が、はっきりと定めています（いわゆる「租税法律主義」）。それ以外の行政活動については、憲法上、どの規定がこの法原則を定めていることになるのか、ややわかりにくいところがあるのですが、いずれにしても、わが国のばあいこの原則が行政法の基本原則として通用していることについては、学者の間でまったく争いはありません。

「根拠規範」と「組織規範」

ここで、ちょっとむずかしいお話をします。それは、いま見た「法律の留保の原則」でいっている「法律の根拠（または法律の授権）」というのは、正確にはどういうことなのか、という問題なのです。

たとえば、経済産業省設置法という法律（前出三〇頁で触れた「各省設置法」の中のひとつです）の三条一項には、「経済産業省は、民間の経済活力の向上……並びに鉱物資源及びエネルギーの安定的かつ効率的な供給の確保を図ることを任務とする」という規定（任務規定）があって、これを受けて四条一項ではさらに、「経済産業省は、前条第一項の任務を達成するため、次に掲げる事務をつかさどる」とした上で、たとえば、「石油、可燃性天然ガス、石炭、亜炭その他の鉱物及びこれに類するもの並びにこれらの製品の安定的かつ効率的な供給の確保に関すること」（同四九号）、「電気、ガス及び熱の安定的かつ効率的な供給の確保に関すること」（同五二号）、といった規定（所掌事務規定）をおいています。では、はたして経済産業省は、こういった規定を根拠として、（現に存在している他の法律に違反しないかぎり）エネルギーの安定的かつ効率的な供給の確保という目的のためならば、エネルギー事業などを、どんなようにでも規制したり統制したりする（たとえば、会社の人事に口をはさんだり、料金の値上げまたは値下げを命令したり、あるいは一年ごとに許可を受けなければ事業をできないこととする、など〳〵）ことができるのでしょうか？従来の行政法学では、それはできない、と考えられてきました。なぜかというと、いま見たような経済産業省設置法のさまざまの規定は（他の省庁の設置法についてもまったくおなじことですが）、なにを目的とした法規定なのかというと、それはもっぱら、国の行政組織の中で経済産業省にはどんな内容の任務・権限が割り当てられるのか、を定めようとするものであるにすぎないのであって、対外的に、国民（私人）の権利を保護するという見地から、経済産業省が国民（私人）に対して規制する権限について定めようとするものではない、と考えられるからなのです。むしろ、経済産業省（経済産業大臣）が私人（私企業）に対して規制をおこなう権限そのものは、べつに、電気事業法、ガス事業法、石油の備蓄の確保等に関する法律（旧石油業法）という法律があって、これらの法律上の個別の規定によってはじめて与えられるのだ、と考えられています。

　このように、もっぱら行政組織内部での権限配分をおこなうことを目的としている法規定は、「組織規範」とよばれて、法律の留保の原則との関係から私人の利益を保護するために必要とされる法律の根拠（こういった法律の規定のことを「根拠規範」とよんでいます）とは、理論的に区別されています。またそのほか、「根拠規範」によって行政機関にある権限が与えられていることを前提として、もっぱら、その権限を行使するばあいのやり方についてだけ規制する（枠をはめる）目的を持つにすぎない、いわゆる「規制規範」（その中にも「目的規範」「手続規範」などの区別があります）といったものもあって、これもまた「組織規範」と同様「根拠規範」とはならない、とされるのですが、話がちょっと複雑になりますから、ここでは省略することにしましょう。ここでは、一見「法律の根拠」があるように見えるけれども、理論的にはじつはそうとはいえないばあいがしばしばあるのだ、ということを、しっかり頭に入れておけば十分です。

　なお、そういうわけで、じっさいには、ある法律の規定がはたして（「法律の留保の原則」との関係で必要な）「根拠規範」としての性質を持つかどうかを判断するのがむずかしいようなケースも、しばしば出てきます。たとえばこういった例として有名な警察法二条一項の規定を、参考までに次に引いておきますから、頭の訓練のつもりで、これはどんな性質の規定なのか、皆さんで考えてみてください。

「警察は、個人の生命、身体及び財産の保護に任じ、犯罪の予防、鎮圧及び捜査、被疑者の逮捕、交通の取締その他公共の安全と秩序の維持に当ることをもってその責務とする。」

3 「法律の留保の原則」の適用範囲

「法律の優位の原則」は、どんな行政活動であっても適用される法原則なのだ、ということは、先にもう説明しました。ところがこれに対して、「法律の留保の原則」がどの範囲の行政活動に適用されるのか、ということについては、行政法学上古くから争いがあって、現在でもまだ完全にケリがついたとはいえない状況なのです。

「侵害留保理論」と「全部留保理論」

「法律の留保の原則」という考え方がはじめて理論的に明らかにされたのは、一九世紀のおわりごろのドイツで、オットー・マイヤー（Otto Mayer, 1846–1924）という行政法学者によるものでした。オットー・マイヤーは、「ドイツ近代行政法学の父」ともよばれて、その後のドイツそして日本・韓国・台湾などの行政法学に大きな影響を与えた人ですが、その際マイヤーは、「法律の留保の原則」が適用されるのは、行政の相手方である私人に対して不利益な効果を持つ行政活動、つまり私人の「自由と財産」を侵害するような行政活動（たとえば、税金の賦課徴収、土地収用、建築制限、集会の禁止、など）だけであって、それ以外の行政活動（たとえば、ガス・水道・電気などの供給、生活保護の給付、など）は、現にあるほかの法律に触れないかぎり（法律の優位の原則）、自由におこないうるのだ、という考え方をしていました。こういう考え方を、「侵害留保理論」とよんでいますが、この考え方は、マイヤー以来、ドイツ行政法学、そしてそれを受け継いだわが国などの行政法学において、長い間、圧倒的に優勢な考え方として通用してきたのでした。

ところが、このような侵害留保理論に対しては、一九六〇年代に入るころから、（当時の）西ドイツでも、またわが国においても、強い疑問が出されるようになってきたのです。その理由はいろいろあるのですが、たとえば、「侵害留保理論というのは、行政権が立法権から独立に活動する自己固有の権限を持っている、ということを前提として、特別のばあいだけ、立法権の（法律による）承認を必要とする、という考え方をするものだが、現在の憲法のもとでは、国民主権の原理が確立していて、かつて君主が代表していたところの行政権の固有の権能というものはまったく失われてしまった。したがって、行政権は全面的に、立法権による授権なしにはそもそも行動できないはずだ」というのは、そういった疑問の中でも代表的なものだった、といえるでしょう。そして、こういった考え方から、およそ行政機関のおこなうあらゆる行動には、明文の法律の根拠（授権）が必要である、とする考え方を、ふつう「全部留保理論」とよんでいます。

現在の理論状況

現在のわが国の行政法学では、古典的な「侵害留保理論」をそのままのかたちで主張している学者は、ほとんどいないといってよいと思いますが、しかし、だからといって、他面、「全部留保理論」が前提としている右のようなりくつ（一種の憲法構造変化論）がそのままなっとくされているかというと、そういうわけではなく、「全部留保理論」が優勢になっている、というわけでもありません。むしろ多くの学者は、このふたつの考え方の中間にあって、さまざまの考え方をしている、というのが実状ですが、その中にはたとえば、行政実務においても広く受け容れられている、「私人の利益を侵害する内容のものか、あるいは逆に私人に利益を与える内容のものであるかを問わず、たとえば行政行為という行為形式によっておこなわれるなど、およそ公権力の行使としての性質を持つ行政活動には法律の根拠が必要である」という考え方（「権力留保説」とよばれることもあります）があります。また最近では、むしろ、公権力の行使かそうでないかも関係なく、要するに「重要な事項」については法律の根拠が必要なのだ、という考え方（これを、「本質性理論」とか「重要事項留保説」とかいったりします）が強く主張されるなど、なかなかにぎやかなのですが、くわしくは省略いたします。

「法律の専権的法規創造力の原則」

なお、「法律の留保の原則」の適用範囲の問題に関して、以上の議論とはべつに、行政活動の中でも特に政令・省令といったような、行政機関がおこなう一種の立法行為（後述第八講を参照）については、特別の議論がされているということについても、かんたんに触れておきましょう。わが国のばあい、「新たに法規を創造するのは法律すなわち立法権の専権に属することであって、行政権は、法律による授権がないかぎり法規を創造することはできない」という考え方があって、この考え方をふつう「法律の専権的法規創造力の原則」とよんでいます。これは日本国憲法四一条の「国会は……国の唯一の立法機関である」という条文からくる原則なのだ、といわれていますが、このばあい、そこでいう「法規」とは「国民の権利・義務に直接影響を与える一般的規律」のことを意味するものとされています。したがってこの原則は、結局（のちに第八講で見る）「法規命令」は法律の授権なしに定められてはならない、ということを意味することになり、そうだとすると、これはじつは、その性質上法律の留保の原則の適用範囲に関する議論の一種にすぎない、ということになるわけです。ただ、いずれにしても、法律の留保の原則との関係では、行政立法については、このように別に議論されているので、したがってまた、先に見た侵害留保理論そのほかの考え方は、いずれも、もっぱら「行政行為」などの個別的・具体的な行為についてのみいわれているものなのだ、ということに留意しておいてください。

第四講　法律による行政の原理の例外と限界

1　問題の所在

法律による行政の原理の例外

わが国の行政法理論（行政作用法理論）は、大まかにいえば、前講で見たような「法律による行政の原理」を出発点として、行政活動が法律に適合しておこなわれること（行政活動の法律適合性）はどのようにして確保されるか、また、どうやって確保したらよいか、ということをそのもっとも中心的な問題関心としてきた、ということができます。ただ、正確にいえば、「法律による行政の原理」というのは、あくまでも行政法における基本原則なのであって、必ずしも、行政活動のすみずみにいたるまでバッチリと押さえきった「金科玉条」であるというわけではないのです。

たとえばまず、従来、「法律による行政の原理」が必ずしも徹底されず、なんらかのかたちで、行政機関が法律に拘束されず自由に行動することが認められてきたようなケースがあります。たとえば前講で見た「侵害留保理論」などはその代表例のひとつだということができましょう。こういったケースをここでは法律による行政の原理の「例外」とよぶことにしたいと思います。これまでの行政法理論の中には、こういった「例外」の存在は認めながら、しかし、なんとかその範囲を狭めていこうとする努力の結果できあがっているものが数多くあるのです。たとえば、「侵害留保理論」に対してこんにちさまざまなかたちでの批判が出て、むしろ新しい考え方が強くなってきていることは、前講で見たとおりです。

法律による行政の原理の限界

ところがまた、こういったケースとはちがって、「行政が法律にしたがっておこなわれたというだけでは必ずしも私人の権利・利益を十分に保護することにはならない」という理由から、行政活動に、法律適合性ということにとどまらずさらにべつの要求がされるばあいがあります。たとえば、道路とか空港などの公共施設の建設のために、行政主体が必要な土地を強制的に私人から取り上げることが、土地収用法という法律によって認められていることは、前にも見たとおりですが、土地収用がこのように法律にしたがっておこなわれるからといって、土地所有者が受ける損失をほうっておいてよいわけではありません。このばあい、べつにその損失の補償がなされなければならないのはいうまでもないことです（日本国憲法二九条三項、土地収用法六八条以下。「損失補償」については、後に第十六講で、くわしく説明します）。それからまた、前にも触れたように（前述四三頁）、法律自体があまりにもひどい内容のものだったばあいにはどうするのか、といった問題も、残されているわけですね。こういったことを考えてみると、結局私たちは、かりに「法律による行政の原理」をすべての行政活動について完全に徹底してみたとしても、私人の権利・利益の保護という目的からすると、それだけでは不十分なので、じつはこの原理がはたしうる役割自体に、そもそも一定の限界があるのだ、ということを認めざるをえないわけです。「法律による行政の原理」自体にともなっているこういった側面を、ここでは特に、法律による行政の原理の「限界」とよぶことにしたいと思います。

2　法律による行政の原理の「例外」——自由裁量論

右に見たような意味での「法律による行政の原理の〝例外〟」として見ることができる行政法理論の中には、さっきの「侵害留保理論」のほかにも、（いまではほとんどすたれましたが）「特別権力関係論」そのほかいろいろなものがあるのですが、ここでは、その全部に触れていることができませんので、特にいわゆる「自由裁量論」についてだけ取り上げておくことにしましょう。

(1)　自由裁量とはなにか

「裁量《さいりょう》」と「羈束《きそく》」

さて、これまで見てきたように、「法律による行政の原理」のねらいは、法律によって行政活動をしばることを通して、行政活動に対する予測可能性（法的安定性）を確保し、また行政活動に対する民主的なコントロールをおよぼそうとするところにありました。そこで、こういったねらいを是非とも実現しようとするならば、ほんらい、およそあらゆる行政活動について、行政機関はどんなばあいにどんな行動をすることができるのかということを、すべてのばあいについていちいちこと細かに、法律で決めなければならない、ということになるはずです。ところがじっさいには、法律が、こんなふうに厳格な決め方をしないでもっとゆるやかに定め、その結果、行政機関が自分自身の判断でかなり自由に行動できる余地が残されているようなばあいが、かなりあるのです。

たとえば、「警察官職務執行法」という法律（いわゆる「警職法」）に、こんな条文があります。

「警察官は、犯人の逮捕若しくは逃走の防止、自己若しくは他人に対する防護又は公務執行に対する抵抗の抑止のため必要であると認める相当な理由のある場合においては、その事態に応じ合理的に必要と判断される限度において、武器を使用することができる。……」（警察官職務執行法七条第一文。傍点は私が付けました）。

これはたとえば、犯人が逃げてゆくのを警察官が追っかけて、そのままでは逃げられてしまいそうなとき、おどかして足を止めさせるために、ばあいによってはピストルを発射してもよい、ということを定めているわけですね。ところが、傍点の部分などを見ますと、非常にあいまいな表現がされているわけで、これだけでは、いったい正確にいって、どんなばあいにピストルを使ってよいのか（たとえば、一〇〇メートル引き離されたばあいでなければいけないのか、五〇メートルの差ができればもうよいのか、など〈〜〉）、また、空砲でなければいけないのか、実弾でもよいのか、といったことがすべて一目瞭然だ、というわけにはゆきません。結局警察官は、その場その場の自分の判断で、これは武器を使ってよいばあいかどうか、どんな使い方をしてよいのか、を判断して行動しなければならない（逆のいい方をすれば、そのようにしてよい）、ということになるわけです。どうしてこんなことになっているかといえば、いうまでもなく、こういったばあいに警察官の行動をあんまり細かくしばっていたのでは、警察官が現場で十分に活動することができず犯人を取り逃がすことになり、それは、（犯人の利益になることではあっても）決して国民全体の利益（「公益」または「公共の福祉」）にとって望ましいことではないからですね。

このように、法律は、私人の利益の保護ということと並んで、ばあいによってはまた、公益（公共の福祉）の確保・促進という見地から、行政活動の円滑性を保つということをも必要なかぎりで考えなければならないわけです。こういった理由から、法律は、しばしば行政機関に幅の広い授権をし、最終的な決定を、行政機関の政策的・行政的な判断に委ねてきました。法律がこのように、行政機関に対して、①どんなばあいに、②どんな行為をおこなうか（またはおこなわないか）というふたつの問題について（ふつう、①の問題を「要件（の問題）」といい、②の問題を「効果（の問題）」とよんでいます）、くわしい定め方をせず、いわば包括的なかたちで授権しているばあいに、「法律は行政機関（行政庁）に（自由）裁量権を与えている」といい、このような裁量権に基づいて行政機関が自分自身の政策的・行政的判断によっておこなう行為のことを「（自由）裁量行為」とよんでいます。そしてこれとは逆に、法律が行政機関に、こういった政策的・行政的判断をする余地を与えず、厳格に法律による拘束をしているばあいに、「法律は行政機関（行政庁）を羈束（「きそく」と読みます）している」といい、こうして法律の羈束のもとにおこなわれる行為のことを「羈束行為」とよんでいます。

「法規裁量（羈束裁量）」の観念

ところで、ある行為が、こういった意味での「羈束行為」であるのかそれとも「裁量行為」であるのか、ということが、いつもはっきりわかるようならよいのですが、じっさいには、法律の使っている言葉がこの点はなはだあいまいで（こういう例を「不確定概念」といっています）、いったい行政機関を羈束しているのか、それとも自由裁量の余地を認めているのか、ということが、必ずしも明らかではないばあいがよくあるのです。たとえば、バーだとかキャバレー、またパチンコ屋などの営業活動（風俗営業）について規制をしている「風俗営業等の規制及び業務の適正化等に関する法律」という法律（いわゆる「風営法」）があるのですが、この法律の二六条は、風俗営業者等が違法な行為をおこなってそれが「著しく善良の風俗若しくは清浄な風俗環境を害し若しくは少年の健全な育成に障害を及ぼすおそれ」があるというふうに公安委員会が認めるときには、公安委員会は、この風俗営業者等に対し、風俗営業の許可を取り消したり、営業の停止を命じたりすることができる、ということを定めています。でもいったい「善良の風俗若しくは清浄な風俗環境」とは、具体的にはどんなことなのでしょうか？　たとえばあるパチンコ屋の入口に、一八歳未満の者は入ってはいけない、という貼り紙がされていなかったとして、公安委員会が、これは「著しく善良の風俗に反する」と考えさえすれば、いつでもこのパチンコ屋について営業の許可を取り消してよいのでしょうか？

ドイツや日本の行政法理論では、ずっと以前には、こういったばあいに行政機関の自由裁量を認めたこともあったのですが、やがて、むしろ逆に、このようなばあいにも、まさに問題となっている現実の具体的なケースにおいて、なにがほんとうに「善良の風俗を害するおそれがある」行為であるのか、なにが、それを防止するためにほんとうに「必要な処分」であるのかということは、その法律の規定の趣旨・目的を十分に考えれば、客観的・一義的に決まるはずなのであって、法律の解釈上、こういった客観的な基準が存在しているものと考えるべきだ、とされるようになりました。このように、法律上の言葉を見ただけでは一見その意味がはっきりと確定しているようには見えないけれども、しかしじつは行政機関の自由な判断や活動が許されるのではなくて、法律が定めている（目には見えない）客観的な基準があるのだ、と考えられるばあいのことを、ふつう「法規裁量」とか「羈束裁量」とかよんでいます。これに対して、純粋に行政機関の政策的・行政的な判断に委ねられた、ほんらいの意味での自由裁量のことを「便宜裁量」とか「目的裁量」とよぶことがあります。

自由裁量行為と裁判審査

法律で定めてあってもそれに違反するということは、私たちの日常生活でもしょっちゅうあることで（たとえば自動車の速度制限のことを思い出してください）、おなじように、行政機関のばあいにも、「法律による行政の原理」があるにもかかわらず、現実には、法律に違反して行政活動をおこなってしまうということが、でてきます。法律に違反すると、私たち市民は処罰されるわけですが、では行政機関のばあい、いったいどうなるのでしょうか？

これは、のちの方の講義でくわしく説明する問題なのですが（第十一講・第十二講）、かんたんにいうと、現在のわが国では、こういったばあい、違法な行政活動によって権利を侵害された国民が、裁判所に訴えを起こして、そういった行政活動を取り消してもらえる（つまり、違法な行政処分がなかったことにしてもらえる）ようになっています。ただ、裁判所は、もっぱら「司法権」つまり「法をつかさどる権限」を行使する機関であるにすぎないわけですから、裁判所が行政活動についてできることも、もっぱらそれが適法であるか（違法ではないか）どうかについての審査にかぎられることになります。いいかえれば、行政機関がもっぱら政策的・行政的な見地からおこなう決定（自由裁量行為）に対して、その判断が不当ではなかったかどうか（一般に、法律が認めた裁量権の枠内にはとどまっているけれども、裁量の誤りに基づいて適切でない判断をしたばあいのことを、「不当」とよんで、法律違反があった「違法」のばあいと区別しています）を調べるのは、ほんらい裁判所の権限外である、ということにならざるをえないわけです。こうして、行政法学では、古くから「行政行為であっても羈束行為についてはその適法・違法が裁判審査の対象となるが、裁量行為についての行政機関の裁量の誤りは裁判審査の対象とはならない」という大原則が立てられてきたのでした（そのばあい、法規裁量行為は、前に見たように、「裁量」という言葉は使っていますけれども、理論的な性質の上ではむしろ羈束行為と同じであるわけですから、裁判所による審査についても羈束行為とおなじ扱いになります）。

自由裁量の限界

ただし、純粋な自由裁量行為（便宜裁量行為）のばあいであっても、必ずしもまったく裁判審査の対象とならない、というわけではないので、例外的に、①裁量権の限界を越えた行為がおこなわれたばあい（いわゆる「裁量権の逸脱《いつだつ》」）または②裁量権を濫用した行為がおこなわれたばあい（いわゆる「裁量権の濫用《らんよう》」）には、その行為は違法となって、裁判審査の対象となるものとされています（参照、行政事件訴訟法三〇条）。

やれやれ、またしても、「逸脱」だの「濫用」だのと、むずかしい言葉が出てきました。がんばって挑戦してみることにしましょう。

①の「裁量権の逸脱（または踰越《ゆえつ》）」というのは、要するに、法律が行政機関に自由な行動を許

しているその枠を越えて行政機関が行動してしまったばあい、という意味です。法律が決めた枠を越えるということは、つまり法律に違反することなのですから、これが違法となり裁判審査の対象となる、というのは、いわば、「法律の優位の原則」からして、あたりまえのことなのだ、ということもできるでしょう。

②の「裁量権の濫用」というのは、もうちょっとむずかしいのですが、これは、行政機関のおこなった行動が、法律の文言にてらしてみるかぎりでは、法律の授権の範囲内においておこなわれているように見えるのだけれども、じつは、法律が行政庁にそのような権限を与えているほんらいの目的とはちがった目的のために、その権限が行使されたようなばあいのことをいいます。

たとえば、国家公務員法八二条では、公務員の懲戒処分について定めてあります。これはたとえば、公務員が仕事をサボッたり、ワイロを取ったりしたようなばあいに、制裁としておこなわれる処分ですが、こういった事態がおきたとき、そもそも懲戒処分をするかどうか、また、するとして、どんな処分（免職、停職、減給、戒告）をするか、ということは、処分者の自由裁量（いわゆる「効果裁量」）にまかせられている、と考えられています。このような処分制度が設けられている理由（目的）は、いうまでもなく、職場の規律を確保する、ということにあるわけですが、それなのに、処分者が、もっぱら被処分者に対する私的な恨み（たとえば、恋人を取られた恨み、マージャンで負けた恨み、ｅｔｃ）を晴らすために、ちょっとした規律違反をとらえて、えたりとばかりに必要以上に厳しい処分をしたり、組合つぶしの目的から、組合の活動家をほかの者よりも特に厳しく処分したりするようなことがあったならば、それはまさしく、ここでいう「裁量権の濫用」になるわけです。

もっとも、じっさいには、ある具体的なケースが裁量権の「逸脱」にあたるのか「濫用」にあたるのかは、その判断がなかなかむずかしいことがありますが（たとえば、右に見た、組合の活動家の処分のばあいのように、おなじような事情にある者のうち、特定の者に対してだけ特に厳しい処分をするといった、いわゆる「平等原則違反」のケースなどは、教科書によっては、「逸脱」の一例とされたり「濫用」の一例とされたり、さまざまです）、ただ、そのどっちであったとしても、法律上その効果にちがいはないようになっていますから（行政事件訴訟法三〇条）、この点についてあまりこだわる必要はないと思います。

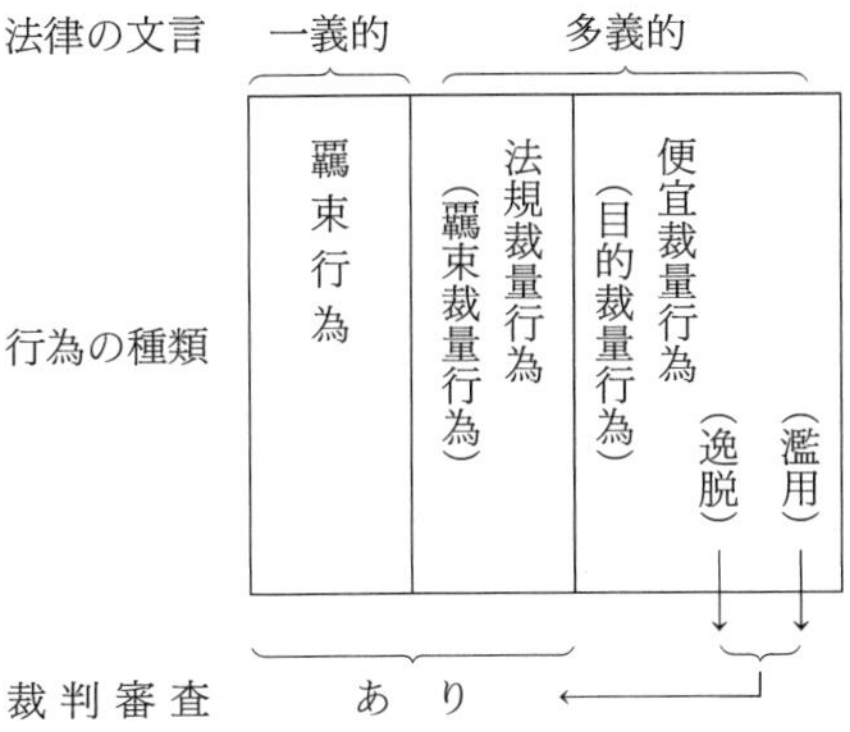

伝統的な自由裁量論の図式

さて、以上見てきたところをかりに図式であらわしてみますと、自由裁量論の内容は、上のようなことになります。

ただ、これはじつは、昭和三〇年代からせいぜい四〇年代のはじめにかけてさかんだった、その意味でいまではもう「古典的」といってもよい自由裁量論についていえることで、正確にいうと、現在では、学説や判例のその後の発展によって、自由裁量論は、もっとずっと複雑な内容のものになっています。でも、これは、初心者にはちょっとむずかしすぎるだろうと思いますので、ここではただ、自由裁量についての、これまで見てきた基本的な言葉（概念）や制度について、しっかりと身につけていただくことを期待するだけにしておきましょう。

(2)　羈束行為と自由裁量行為の判別の基準

行政機関のある行為が、法律によって羈束されているのかそれとも自由裁量にまかせられているのか、ということは、先に見たように、とりわけ、その行為を裁判所が審査しうるかどうかを決めるについて、決定的なちがいをもたらすことになるわけですから、これをどうやって見分けるか、という、いわば「判別基準」の問題が、非常に重要な問題だ、ということになります。ところがたとえば、（これまた先に見たように）法律の定め方が一義的でなくても、「法規裁量」であるとされることもあるというわけですから、そのことだけからしても、これは、たいへんむずかしい問題なのだ、ということがおわかりいただけるだろうと思います。

「性質説」と「美濃部三原則」

この問題について、ずっと以前（そうですね、およそ昭和二〇年代から三〇年代ごろまでといえましょうか）わが国で広くとられていたのは、「性質説」とよばれる考え方でした。これは、法律の条文がどういった言葉でもって定めているか（つまりたとえば、「……しなければならない」というようにか、それとも「……することができる」というようにか、など）にはあまりとらわれず、問題となっている行為の性質、つまりその行為が私人の権利・義務に対してどんな影響をおよぼすか、によって、羈束行為であるか裁量行為であるかを決めようとするものでした。たとえばこのような考え方をするものとして、「美濃部三原則」とよばれる有名なルール（判別基準）がありますが（故美濃部達吉先生が主張されたので、この名前があります）、このルールによると、第一に、「人民に対してその権利を侵害し、あるいは新たに義務を命ずる行為は、かりに法律の明文が自由裁量を認めるように見えるばあいであっても、常に羈束行為であり法規裁量行為である」、第二に、逆に「人民のために新たに権利を設定し、または利益を与える行為は、法律の特別の規定あるばあいを除くほか、原則として自由裁量行為に属する」、第三に、「人民の権利・義務に直接の影響をおよぼさない行為は、法律の特別の規定あるばあいを除くほか、原則として自由裁量行為に属する」、とされています。ここでくわしいことを説明しているひまはないのですが、要するにこれは、私人の権利・利益を侵害する行為（「侵害的行為」ないし「不利益的行為」）は、とことんまで法律にしばられているものと考えなければいけないけれど、そうでない行為については、そこまで厳しく考えなくてもよい、ということだといってよいでしょう。

こんにちの考え方

こんにちでもこのような基準は、問題を考える際の一応の目安とならないわけではありませんが、しかし、もはやこれだけで一刀両断的に問題を解決することはできない、と考えられるようになってきています。その理由はいろいろありますが、とりわけ「羈束行為か自由裁量行為かという問題は、いろいろいってみても結局は、裁判所と行政機関（行政庁）との間の合理的な分業のあり方の問題なのではないか」という考え方が強くなってきたからだ、といってよいでしょう。これはもっとやさしくいえば、こういうことです。

行政庁は、ある事実があったとき（たとえば交通法規違反があったとき）、それが、ある行政行為（たとえば運転免許停止処分）をおこなうための要件として法律が定めているところにあたるかどうか、また、このばあい、法律の目的（たとえば道路交通の安全を確保するという目的）にてらして処分をすべきかどうか、について検討し、判断をして、処分をするわけですが、これに対して私人がなっとくできないとき、裁判所に訴えが起こされることになるわけですね。このばあい、裁判所は、行政庁のこの判断が正しかったかどうかをもう一度検討しなおすことになるわけで、その際、「羈束行為」だったら、正しいかどうかを裁判所が決めてよいということになり、「自由裁量行為」だったら、裁判所は行政庁がした判断をそのまま正しいものとして尊重しなければばいけない、ということになるわけです。そうだとしたならば、結局のところ問題は、行政庁が一度した判断を、裁判所があとからひっくり返してもよいようなばあいが羈束行為なので、逆に（行政庁の政策的または専門技術的見地からする判断を尊重して）裁判所がそういうことをするべきではないばあいであるのが自由裁量行為なのだ、と考えることができるのではないだろうか。つまり、自由裁量行為かそうでないか、というのは、要するに、そのケースにおいて、行政庁の政策的または専門技術的な判断を、はたして、またどの程度裁判所が尊重すべきなのか、という問題にほかならないのではなかろうか……。こういった考え方がされるわけです。

このように、従来よりももっとじっさい的な（プラクティカルな）考え方がされることになると、たとえば、以前は法規裁量行為と考えられていたばあいについても、全面的に裁判所の判断を優先させるのは適当ではないので、ある程度行政庁の専門的・技術的判断を尊重しなければならない（つまり、少なくとも部分的には裁量の余地を認めるべきである）、とされるばあいが出てくるし、また、かつては便宜裁量行為と考えられていたばあいについても、なお、裁判所の判断を介入させる余地がないではない、とされるばあいが出てきたりすることになるわけです。特にこのあとの方の意味で注目されるのは、「実体法上は行政機関に自由な裁量の余地が与えられているにしても、行政機関が決定をおこなうまでの過程ないし手続が一定の基準をみたした適正なものであったかどうかの判断は裁判所がこれをおこなうことができるし、また、それにふさわしい事項である」、とする学説・判例の傾向（これを、「手続（法）的自由裁量論」とよぶことがあります）です。これはちょっとむずかしいかもしれませんが、たとえば最高裁の有名な①個人タクシー免許事件上告審判決（最一判昭四六年一〇月二八日民集二五巻七号一〇三七頁）、また②群馬中央バス事件上告審判決（最一判昭五〇年五月二九日民集二九巻五号六六二頁）などの判例では、美濃部三原則だったら（その第二原則によって）自由裁量行為とされる個人タクシー免許やバスの路線免許について、行政庁には、こういった免許の拒否を決定するのに先立ち、あらかじめ一定の手続をふまなければならない法律上の義務があることが（法律上には明文の規定がなかったにもかかわらず）認められ、それをせずに免許申請を却下する行為は違法であって、裁判所による取消しの対象となる、ということが認められたのでした。

最高裁の考え方

右に見たような中で、最高裁の判例は、早くから、自由裁量処分について裁量権の逸脱・濫用が認められるのは、行政庁の判断が「全く事実上の根拠に基かないと認められる場合」であるか、あるいは「社会観念上著しく妥当を欠き（法令によって与えられた）裁量権の範囲を超えるものと認められる場合」に限られるという一般的な公式を立ててきています（最三判昭二九年七月三〇日民集八巻七号一五〇一頁、最二判昭三二年五月一〇日民集一一巻五号六九九頁）。そして最近では、こういった基準が満たされているかどうかを判断する際に、いわば副次的な基準として、特に〝事実に対する評価が明らかに合理性を欠くこと〟、〝判断の過程において考慮すべき事情を考慮しないこと〟を付け加え、これにてらして処分を違法としている例が次々と登場していること（参照、最三判平一八年二月七日民集六〇巻二号四〇一頁――呉市学校施設使用許可事件、最二判平一九年一二月七日民集六一巻九号三二九〇頁――獅子島公共海岸占用許可事件）が注目されます。

3　法律による行政の原理の「限界」

「形式的法治主義」と「実質的法治主義」

法律による行政の原理は、なによりもまず、私人の権利・利益の保護ということを目的としてこそ確立されてきたのだ、ということは、これまで何度か繰り返してきたとおりですが、他方で同時に、こういう目的にてらしてみたときに、じつはこの原理には、その機能の上でどうしても限界がともなわざるをえないのだ、ということもまた、古くから知られてきたところでした（たとえばこの講のはじめに見た、損失補償制度のことを思い出してください）。とりわけ第二次世界大戦後には、戦前の時代への反省から、（当時の）西ドイツでもまたわが国でも、「形式的法治国にとどまらず実質的法治国の実現をめざさなければならない」ということが、強く主張されたのでした。ここで「実質的法治国（「法の支配」という言葉がもちいられることもあります）」の実現が必要だ、というのは、だいたいは、次のようなことだ、といってよいでしょう。

そのひとつは、行政が法律にしたがってさえいればすべて万々歳、というわけにはゆかないので、そのばあい同時に、法律自体が一定の（法治主義的な）内容を持つものであるのでなければならない、ということです。これは特に、ナチス時代のドイツとか、第二次大戦前の軍国主義時代のわが国などにおいて、はなはだ非人道的な内容を持った法律が、まさに立法府が定めた「法律」として登場し、適用されたことに対しての反省からきているのだ、ということができましょう。

ふたつめには、（かりに右の第一の点がクリアーされたとしても）伝統的な「法律による行政の原理」だけでは、これをどんなに全行政活動にわたって貫徹してみても、私人の権利救済という見地からして不十分なものが残る（つまり、行政活動を法律でギリギリしばりあげることイークォール私人の権利救済の完全化ということには、必ずしもならない）ということです。

もっとも、この第一の点については、こんにち、日本国憲法が、立法権に対する関係でも基本的人権を保障し（基本的人権を侵害する法律は、違憲無効となります）、また、裁判所には違憲立法審査権が与えられているわけですから、制度的には一応の決着がつけられているということになります。ただ、これとはべつに、現在のわが国のように、社会・経済のシステムや科学技術がたいへんに発達した社会では、国会（議員）が問題のすべてを見通して、適切な立法をするということがむずかしくなり、ほんらい法律によって拘束されるべき行政府（霞が関のお役人たち）自体が、政府が提案する法律案の作成にあたって重要な役割をはたしている、といった事実が、しばしば指摘されてきています。しかも実際には、国会で成立する法律の多くは、政府の提案によるものなのです。こういった意味では、いわば「法律による行政の原理の空洞化」という問題が、やはり残されているのだといわなければならないでしょう。

右の第二の点については、古くから存在する問題の中にも、先に見た損失補償制度のほかに、たとえば、営業許可のように私人に利益を与える行政行為を、あとになって、違法であったことが判明したとの理由で、さかのぼって取り消すようなことが許されるか、といった有名な問題があります（いわゆる「行政行為の取消制限論」。のちに第七講3でとりあげます）が、こんにちでは、さらに、行政と私人との相互関係がますます密接かつ複雑なものとなっているので、この点、しばしばむずかしい問題にぶつかることが多くなっています。たとえば、こんな例を考えてみましょう。

ある人がある経済取引（物の売買など）をしようとして、そういう取引をしたらなにか税金がかかるかどうかがよくわからないので、税務署へ相談に行ったところ、税金はかからない、といわれたとします。そこで安心してその取引をしたところ、じつは税務署の方が法律の解釈をまちがえていたのであって、これに気がついた税務署側が、あとから課税処分をし、しかも納税の申告がされていないからとして、加算税までかけてきた、といったようなケースがあったとしましょう。このばあい、この課税処分はいったい適法だといえるのでしょうか？　一般に課税処分については、法律による行政の原理がことのほか厳しく適用されることとされており（特に「租税法律主義」とよばれます）、その意味からすれば、法律上ほんらい税金がかかる取引である以上、行政庁がまちがいをあらためて課税することには、なんら問題はない、ということになるはずなのです。しかし、もともと課税についての責任を負っている税務署へ前もってわざわざ問い合わせに行って、税金はかからない、といわれれば、それを信用して行動するのは、ふつうの市民としてはあたりまえのことなので、それをあとから、じつはちがっていた、とされるのでは、たまったものではないのではないでしょうか。いいかえればつまり、ここでは、「法律による行政の原理」と、「（行政を信頼して行動した）私人を保護する必要」との間に矛盾が生じてしまっているわけです。この点で、これと似たようなケースで、私人の信頼を保護するために、あえて租税法律主義の原則の方を引っ込ませて、「禁反言の法理」ないし「信義誠実則」というものを「法の根底をなす正義の理念より当然生ずる法原則」として引き合いに出した上、次のようにいって、課税処分をじっさいに違法とした、東京地裁の有名な判決（東京地判昭四〇年五月二六日行裁例集一六巻六号一〇三三頁）があります。

「ことに、租税法規が著しく複雑かつ専門化した現代において、国民が善良な市民として混乱なく社会経済生活を営むためには、租税法規の解釈適用等に関する通達等の事実上の行政作用を信頼し、これを前提として経済的行動をとらざるを得ず、租税行政当局もまた、適正円滑に税務行政を遂行するためには、かような事実上の行政作用を利用せざるを得ない。かような、事態にかんがみれば、事実上の行政作用を信頼して行動したことにつきなんら責めらるべき点のない誠実、善良な市民が行政庁の信頼を裏切る行為によって、まったく犠牲に供されてもよいとする理由はないものといわねばならない。」

このように、ばあいによっては、私人の信頼保護のために租税法律主義の方が引っ込まなければならないこともありうる、ということは、すくなくとも一般論としては、こんにち、最高裁の判決によってもまた認められるようになっています（参照、最三判昭六二年一〇月三〇日判時一二六二号九一頁）。

第五講　行政過程への私人の参加

1　行政の事前手続とその役割

法律による行政の原理の「限界」と行政の事前手続

さて、これまで見てきたように、「法律による行政の原理」の考え方によると、行政機関の行動（行政活動）は、必ず議会（国会）がつくる「法律」によって定められた基準にしたがっておこなわれなければならないこととされ、そのことによって、私たち市民（私人）が日々暮らしていく上で、行政機関による不意打ちにあうことなく、安定した社会生活・経済生活を送ることができるし（法的安定性の確保）、また行政活動のあり方に対し、自分たちの代表（議員）を通じて民主的なコントロールをすることができるのだ、ということになるわけです（とりわけ先に第三講で勉強したことを思い出してください）。そしてまた、法律にしたがっておこなわれたはずの行政活動（なかでも「行政行為」）が、じつは違法であったということになれば、私人の方からは裁判所に訴えてそれを取り消してもらい、もとにもどしてもらうことができる（後述第十一講・第十二講を参照）。こういった考え方としくみとが、わが国の行政法が長い間採用してきた法治国家原理（法治主義）の基本的な構造だ、というわけでした。

しかし、じっさい問題として、こういったシステムはほんとうに十分有効にはたらくのでしょうか？　なぜこんなことを問題にするかというと、じつは、現実の行政活動は、必ずしも、法律が前もって定めたところを行政機関がそのまま機械的に執行するというかたちでおこなわれているわけではないからなのです。たとえば前に見たように、自由裁量の余地が法律上認められているばあいは、このことはもういうまでもありませんが、かりに羈束行為であって、りくつの上では行政庁が法律上がんじがらめにしばられているはずのばあいであっても、じっさいには、行政庁がある法律の規定を適用して行政行為（たとえば営業許可だとかその取消しだとか）をしようとするにあたっては、そもそもその法規定がどんな意味を持っているのか、という法解釈上の問題や、（たとえばその事業者がどんなことをやったのかという）事実の認定をめぐって、さまざまのちがった考え方が生じる余地があるのです。そこでふつう、行政の部内では、法律の解釈や適用についての内部基準を設けたり、また事案の処理のしかたについて部内での打合せをおこない、また、ほかの機関との協議・調整をおこなうことにするなど、いろいろな作業を積み重ねながら、次第に具体的な意思（最終的な決定の内容）をつくりあげていくことにしているわけです。

ところで、こういったようなことが行政の実態だとすると、一般的・抽象的な基準が前もって法律で定められているということ（法律による行政の原理）だけでは、私たち市民にとって、行政機関が現実にどんな判断をし行動をするか、ということについて正確に予測することはできないし、また、行政機関がおこなう意思決定に対して十分な（民主的）コントロールをおこなうこともできない、ということになるのではないでしょうか。むしろ、「法律」からこの「最終的な決定（行政行為など）」までの間に、現実にどんなことがおこなわれ、どんなふうにものごとが決められてゆくのか、ということがわかることこそがだいじなのではないでしょうか。

こうして出てくるのが、私人をいわば立法の段階において参加させる（法律による行政の原理）だけではなく、行政の意思形成過程それ自体にも直接に参加させることによって、右の欠点を補おう、という考え方だ、ということになります。そしてその中心となるのが、「行政の事前手続」とか「行政手続」とかよばれるシステムなのです。

行政訴訟制度と行政の事前手続

「行政の事前手続」が必要だ、ということは、このように「法律による行政の原理」の力がおよばないところを補充する、という面においてだけではなく、「行政争訟制度」（後述第十一講〜第十三講）の役割や機能を補充する、という面でも、説明することができます。これはあとでくわしく見ることですが、わが国の行政法のシステムでは、ある行政行為をおこなうについての（法律が定める）要件がじっさいにみたされているかどうか（たとえば、行政行為の前提となる事実がじっさいにあるかどうか）については、まず最初に行政庁がそれを判断して行政行為をおこない、私人がこれを違法であると考えたならば、そのあとで、行政上の不服申立て（後述第十三講）や抗告訴訟（後述第十一講・第十二講）を起こして、これを取り消させる、というしくみになっています。ところが行政行為には、あとで説明する「公定力」（後述第七講）などというものがあって、行政行為が違法であれば最終的には裁判で救われるとはいっても、現実に行政行為がおこなわれるということ自体が、私人にとっては大きな不利益をもたらすような結果になることが少なくないのです。そこで私人の権利や利益をほんとうに実効的に保護しようとするならば、そもそも行政庁の一方的な判断でまず行政行為がおこなわれてしまうのではなく、行政行為をおこなう前に、その行為をおこなうための要件がみたされているかどうかといったことについて、相手方である私人やそのほかの利害関係者に意見を述べさせ、自分に有利な資料などを提出するチャンスを与えることが必要だ、という考え方が出てくることになるわけです。

じつは、アメリカやイギリスなど、いわゆる英米法系の国々では、昔から、行政活動に対する市民の権利救済については、むしろこうした事前の手続が中心的な制度となってきたのですが（「適正な法手続（due process of law）の要請」といいます）、ドイツ流の行政法理論の流れをくんでいるわが国においては、少なくとも第二次世界大戦がおわるまでは、その必要性はほとんど考えられてはきませんでした。しかし、第二次大戦後、とりわけアメリカ法の影響のもとに、こういった意味での行政の事前手続についての関心が、学界においてもだんだん強くなってくるようになり、またじっさいの法律の上でも、このような手続について定める例が次第に多くなってきたのです。

2　わが国行政法と行政の事前手続

現行法上の事前手続

こういった事前手続としてこれまで実際にわが国の法律で定められてきたものとしては、まず、第二次大戦後かなり早くから登場したものとして、一般に「行政委員会」とよばれる合議体の行政機関がおこなうさまざまの行政行為についてとられてきた、いわゆる「準司法手続」があります。これらの制度は、いずれも、アメリカの独立規制委員会（independent regulatory commission）での審判手続をモデルとして、わが国に持ち込まれたものですが、行政処分の事前手続でありながら、裁判所での訴訟手続に準じた手続が整備されているものです。たとえば、かつて、公正取引委員会が独占禁止法（正確には「私的独占の禁止及び公正取引の確保に関する法律」）に基づいて排除命令だとか課徴金納付命令といった行政処分をおこなう場合にとられていた「審判手続」がそのもっとも有名な例ですが（平成一七年改正前独占禁止法四五条以下、とりわけ同五三条以下）、現在でも残っているものとしては、労働委員会が労働組合法に基づいておこなう救済命令等の手続などがあります（労働組合法二七条以下参照）。
また、このような特別の機関による「準司法手続」といった完全な手続が定められているケースのほかにも、法律上には、たとえば、さまざまの免許だとか許可だとかといった行為の取消し・撤回などのように、私人に不利益を与えるような行政行為について、「聴聞」だとか「弁明の機会の供与」といった事前手続をふまなければならないこととしているようなケースが、比較的早くからあらわれていました。ただ、これらは、単に個別的な規定でしかなく、すべての行政行為についてこういった事前手続が定められていたわけではないし、また、それらの手続の内容についても、はなはだまちまちなものでしかなかったので、こういった手続を、法律上もっと一般的に定めるべきではないか、ということが、行政法学者の方から長い間問題とされ続けてきました。そして、平成五年になってようやく、行政の事前手続（いわゆる「行政手続」。一般に行政法学では、行政の事前手続のことを、ただ「行政手続」とよぶことが多いようです）について一般的に定める「行政手続法」が、わが国ではじめて制定されることになり、翌平成六年の一〇月一日から施行されるところとなったのです。

行政手続法　この法律には、重要なことがらがいくつも定められているのですが、皆さんのいまの段階でしっかりとわかっておいていただかなければならないのは、次のようなことだと思います。

(1) 法律の対象（射程距離）

まず第一に、先ほど、この法律は行政の事前手続に関して一般的に定めたものだ、といいましたが、それはちょっと不正確で、じつは、この法律が適用される行政活動の範囲は、次に見るようにかなりかぎられたものでしかないのです。

平成五年の制定当時、この法律の一条は、「処分、行政指導及び届出に関する手続に関し、共通する事項を定めることによって……国民の権利利益の保護に資すること」を目的とする、とだけいっていました。これは、一口でいうと、この法律が、もっぱら、行政活動の相手方の個人的な利益の保護を目的とした事前手続を定めるものでしかなかった、ということを意味しています。これだけではピンとこないかも知れませんが、まあ、あわてないでよく聴いてください。

私たちの日常生活でも、なにかしようとする前にまず人の意見をよく聞いた方がよい、ということは、いくらでもあります。たとえば、子どもがいたずらをして、だいじにしている植木鉢を壊したので、父親がその子を叱ろうとするときに、理解のある優しい父親ならば、いきなり頭ごなしにどなりつけるのではなくて、ほんとうにおまえがやったのか、なぜこんなことをしたのか、といったようなことをよく聴いた上で（つまり弁明する機会を与えた上で）、これはやっぱりきつく叱る必要がある、と思ったときに、はじめてカミナリを落すでしょう。また、家族の中で、食事のあと片づけをだれがして、風呂の掃除はだれがして、といったようなルールを決めるときに、賢明な母親ならば、一人で決めてこれを一方的に子どもに押し付けるのではなくて、子どもたち

（ばあいによっては夫も含めて）とよく相談してから決めるでしょう。それからまた、知人の子どもが結婚することになって、お祝を持ってゆきたいのだけれど、どのくらいのお金を包んでいったらよいものか、自分の両親だとか上司などに訊いてから決める、といったようなこともあるでしょう。ところでこれらのばあい、「前もって人の意見を聞く」、ということの意味（ないし目的）は、すべておなじであるわけではなくて、ケースによっていろいろとちがいますね。つまり、最初のケースは、いわば、ある者に対して不利益な処分をする前に、当人に、自分の利益を守るために弁明の機会を与える、ということだし、二番目のケースは、将来に向けて一般的なルールを定めるのに、関係者が（民主的に）意見を出し合う機会をつくる、ということだし、また最後のケースでは、よくわからないことについて広く情報を集める、という目的で、識者の意見が求められているのだ、ということでしょう。じつは、「行政の事前手続」というばあいにも、これとまったくおなじようなことがあるのです。

たとえば、私人に法律違反の営業活動があったことを理由としておこなわれる営業許可の取消し（撤回）の際に告知・聴聞などの手続が要請されるばあいなど（たとえば参照、風俗営業等の規制及び業務の適正化等に関する法律八条・四一条二項）は、先の一番目のケースにあたりますし、またたとえば、法律によって禁止される〝不当表示〟の内容を決めるために、公正取引委員会が広く関係事業者および一般の意見を求める目的で公聴会を開催するようなケース（参照、不当景品類及び不当表示防止法五条三号・六条）では、先の二番目ないし三番目のケースとおなじようなことが考えられている、といってよいでしょう。今日しばしば耳にする「パブリック・コメント（意見提出手続）」などというしくみも、こういった性格のものです。それからまた、たとえば土地利用計画を定めたり、あるいは公共施設の設置を許可するに際して、地域住民の手続的参加を認めるケース（たとえば参照、都市計画法一六条）などでは、一番目と二番目の中間的な性格が見られる、といってもよいかもしれません。そして、こういったように、手続を前置すること（行政過程への私人の参加を認めること）の目的がさまざまにちがうならば、とうぜんそれに応じて、手続の内容自体にもさまざまなちがいが出てこざるをえないことになります（たとえば、裁判所での裁判手続と国会での立法手続とではその内容に大きなちがいがあることは、だれでも知っているとおりです）。制定当時の行政手続法は、まさにこういった意味で、もっぱら、先の第一番目のタイプにあたる行政の事前手続だけを定めることにしていたわけです。

ところがその後、平成一七年になって、この法律には、新たに「意見公募手続」という制度が付け加えられることとなり（第六章三八条～四五条）、行政機関が法律に基づく命令や、審査基準、処分基準、行政指導指針（それぞれの意味については、同法二条八号を参照）などの、後で勉強する（第八講参照）行政立法を定める場合、その案やそれに関連する資料をあらかじめ公示して、広く一般の意見を求めなければならないことが定められました（このことに伴い、先に見た法一条の目的規定の中にも、「命令等を定める手続」という言葉が付け加えられました）。これは、先にも触れたいわゆる「パブリック・コメント」制度が、一般的に法律上の制度となったものですが、行政手続法の性格自体が、先に見た第二番目のタイプの事前手続制度をも含んだ、もっと広いものに成長したことを示すものといってよいでしょう。ただ、現実に行われている行政活動は、ここであげられたものだけに限られるわけではありませんから、そういった意味では、行政手続法がカヴァーする範囲には、なお限界がある、ということになります（たとえば、いろいろな計画を策定する場合だとか、契約を結ぶ場合などについては、この法律はそもそも対象としていません）。

なお、平成一七年の改正の後も、この法律の重点が第一のタイプの事前手続にあることには変わりはありませんから、以下では、もっぱらそれを中心としてお話を続けることにします。

⑵　事前手続　さてそれでは、この法律は、私人の利益を手続的に保護するために、いったいどんなことを定めているのでしょうか。この点についても、くわしく見ると、いろいろなことがあるのですが、ここではざっと、次のようなことを理解しておいてください。

先の一番目のケースのばあい、叱られる方の子どもにとって、いちばんだいじなことは、①まず、どんなことをやったら叱られるのかが、前もってはっきりわかっていること、②そして次には、じっさいに叱られる前にいいわけ（弁明）をするチャンスがある、ということ、つまり一口でいえば、不意打ちをくらわないですむ、ということでしょう。行政手続法はまず、こういった観点から、次のような点について、定めています。

①　内部基準の策定および公表　行政庁は、許可とか認可（またはその拒否処分）などの「申請に対する処分」については、「審査基準」（申請により求められた許認可等をするかどうかをその法令の定めにしたがって判断するために必要とされる基準。行政手続法二条八号ロ）を定めなければならず（同法五条一項）、また、それ以外の「不利益処分」（たとえば、許可の取消しだとか、なんらかの資格の剝奪をする処分などを考えてください）のばあいには、これとおなじような意味を持つ「処分基準」（同法二条八号ハ）を定めるよう努めなければならないこととされています（同法一二条一項）。しかもこれらの基準は、できるかぎり具体的なものでなければならず（同法五条二項、一二条二項）、また、原則的には公表されることになっています（同法五条三項、一二条一項）。行政庁が、こういった基準をあらかじめ定めておいて、処分は必ずこの基準にしたがっておこなわれるのでなければいけない、という考え方は、この法律ができる前にも、個別的なケースでは、判例によって示されていたところでしたが（この点で有名なのが、昭和四六年の最高裁個人タクシー免許事件判決――最一判昭四六年一〇月二八日民集二五巻七号一〇三七頁――です）、これが法律で、一般的に確認されたことになります。

②　自分の利益を主張する機会の保障　行政庁が、「不利益処分」をおこなおうとするばあいには、その処分の名宛人（相手方）に対して、原則的に「意見陳述のための手続」をとらな

ければならないこととされています（行政手続法一三条）。この手続は、ふつう、「弁明の機会の付与」というかたち（書面によるのを原則とします）でおこなわれますが（同法一三条一項二号および二九条一項を参照）、特に「許認可等を取り消す不利益処分」その他「名あて人の資格又は地位を直接にはく奪する不利益処分」については、「聴聞」というかたちでおこなわれることになっています（同法一三条一項一号。「聴聞」のばあいには、口頭で意見を主張することができます。同法二〇条を参照）。これらの処分についてこういった事前手続が必要である、ということは、これまで多くの行政法学者が主張してきたところで、それが今回、じっさいの法律の上でも認められたのだ、ということができましょう。

もっとも、行政手続法では、「申請に対する処分」のばあいについては、このような意見陳述のための手続を特に定めていません。これは、たぶん、許可などの申請がなされるときには、その申請書の中で、自分のいいたいことはもう示されているからだ、ということなのでしょうが、ただ、先に見た最高裁の「個人タクシー免許事件判決」などでは、まさに、こういった処分についても、自分の利益を主張する機会が与えられなければならない、という考え方が示されていたのでした。

(3)　その他の手続的保護　行政手続法は、以上のふたつのほかにも、次のように、いくつかの重要なことを定めています。

① 手続の迅速化　たとえば許可や認可の申請をしたのに、行政庁による審査がさっぱり進まず、いつまでも待たされる、といった経験をお持ちの方もあるだろうと思います。こういった事態に対しては、これまでにも、あとで見る「不作為の違法確認の訴え」とか「不作為についての不服申立て」などの救済制度があったのですが（後述第十一講～第十三講）、必ずしも十分有効にはたらいてきたとはいえませんでした。行政手続法では、次のようにして、この問題に対処しようとしています。

まず、「申請に対する処分」について、行政庁は、「標準処理期間」（申請がその事務所に到達してから当該申請に対する処分をするまでに通常要すべき標準的な期間）を定めるように努めるとともに、これを定めたときには、その申請の提出先とされている機関の事務所において備え付けるなどの方法で、これを公にしておかなければならないこととされました（同法六条）。また、行政庁は、申請人から要求されたときには、「当該申請に係る審査の進行状況及び当該申請に対する処分の時期の見通し」を示すように努めなければならないものとされています（同法九条一項）。もっとも、これらの規定はどれも、行政庁に、こういったことに向けて努力する義務を課しているにすぎないので、行政庁がこれをやらなかったからといって、ただちに違法だ、ということにはならないのですが、それでも、こういうことが法律の明文で定められたということは、行政庁に対して、これまでにない事実上の圧力を加えることになるでしょう。

それからまた、行政手続法は、申請が出されたばあい、それについての行政庁の審査義務は、その申請が役所（事務所）に到着した時点で発生する、ということを明らかにするとともに、形式的な要件をみたしていない申請（いわゆる「不適法な申請」）に対しては、すみやかに、相当の期間を定めて申請人に対しその申請の補正をすることを命じるか、あるいは申請によって求められた許認可を拒否するか、いずれかの措置をしなければならない、というように定めました（同法七条）。なぜこんな規定が必要かというと、たとえばある許可（たとえばごみ処理場などいわゆる「迷惑施設」の建設の許可などを考えてください）の申請が出てきたときに、行政庁の立場として、法律の規定に従えばこの許可を与えないわけにはゆかないのだけれど、たとえば環境問題とか、周辺住民の気持などを考えると、できれば許可をしたくない、といったことができます。こうしたときに、行政庁が、申請をひとたび受け取ってしまうと許可をしなければならなくなってしまうので、いろいろなりくつをつけて、申請をまだ受け取ってはいない、ということにしてしまう、ということが、従来よくありました（いわゆる「預かり」とか「返戻」といった措置がこれです）。これに対して行政手続法は、今後はこんなあいまいなことは許されないので、ともかくも申請が行政庁（事務所）に（事実上）届いたならば、行政庁は、正式の審査をして、正式の結論を出さなければいけないのだ、ということを定めたわけです。

② 理由の提示　およそ他人に対してなにかを命じたりするばあいに、その理由を明らか

にする必要がある、というのはあたりまえの話であるように思えますが、従来、わが国の行政法では、必ずしもそのような考え方が徹底されてきたとはいえませんでした。法律によっては、個別的に、行政行為がなされるばあいに同時にその理由が付記されなければならないこととしているケースもありましたが、こういったケースはまれで、ふつうのばあいには、そういったことは定められておらず、また、学説・判例上でも、法律上なにも定められていないばあいには、行政行為に理由が書かれていなくても、必ずしも違法であるとはいえない、という考え方がされてきたのです。これに対して、行政手続法では、不利益な処分をするばあいには、原則として、相手方に同時にその理由を明らかにしなければいけない、ということが、一般的なルールとして定められることになりました（同法八条一項、一四条一項）。そして、この理由は、書面でおこなわれる処分のばあいには、書面で示されなければならないこととされています（八条二項、一四条三項）。いうまでもなく、ある処分がされたときに、その理由が明らかにされているかいないかでは、処分を受ける側にとって、この処分を訴訟などで争うかどうか、またどうやって争うか、を決める際に大きなちがいがありますし、また、理由をはっきり書かなければいけない、ということになれば、行政庁としても、処分をするばあいに、それだけ慎重にならざるをえないわけです。

(4) その他の規定

行政手続法は、以上見たほかにも、重要ないくつかの定めをしています。とりわけ、行政指導に関してはじめて明文の規定をおいた、ということが注目されるのですが、これは、またあとで、行政指導のお話をするときにあらためて取り上げることにしましょう（第九講2参照）。

3　情報公開制度

情報公開制度とは何か

行政機関がまず行政行為などの行為をして、私たち市民はただ、それに対してあとから（違法だとか不当だとかという）文句をつけるだけというのではなく、むしろ、前もって積極的に、どんな活動がおこなわれるべきなのかについて働きかけることが大事なのだ、ということになってくると、いったい行政機関は、どんな情報に基づいてどんなことをやろうとしているのかについて、われわれもちゃんとわかっているのでなければならないということになります。たとえば先に見たように（八四頁）、行政手続法では、行政庁が、行政処分をするについての「審査基準」や「処分基準」をあらかじめ決めて、これを公表することを求めていますが、これも、こういったことを実現しようとしているひとつの例です。ただ、行政手続法は、先にも見たように、主として、「処分」という行政活動によって権利が侵されようとしている本人に、自分自身の利益を守るための手段を与えることを中心的な目的としているのであって、国民による行政活動のコントロールという見地からすれば、その守備範囲はずいぶん限られたものでしかありません。そこで、もっと広く、行政機関が持っている情報のすべてについて、私たちの誰でもがこれを知ることができるようにする制度（これを「情報公開制度」といいます）を、何とか作ることができないかということが、もうかなり前から、さまざまに検討されてきました。

情報公開条例と情報公開法　じつは、こういった意味での情報公開制度は、都道府県や市町村の行政活動については、昭和五七年以来、各地方公共団体のいわゆる情報公開条例によって、かなり広く実現されてきています。他方で、国の行政活動については、長くこういったことを一般的に定める法律がなかったのですが、平成一一年五月になって、「行政機関の保有する情報の公開に関する法律」（以下では、「情報公開法」と略称することにします）が制定・公布され、同一三年四月から施行されるところとなり、これでようやく、地方行政の場合と足並みがそろうことになりました。なお、平成一四年一〇月からは、独立行政法人等の保有する情報の開示について、ほぼ同じ内容を定める「独立行政法人等の保有する情報の公開に関する法律」（独立行政法人情報公開法）も施行されるようになっています。

情報公開法の内容

この法律が定めていることのうち、特に重要なのは、次のようなことです。

(1)　「情報公開請求権」の確立　まずこの法律は、「何人も、この法律の定めるところにより、行政機関の長……に対し、当該行政機関の保有する行政文書の開示を請求することができる」と定めました（法三条）。この条文の中には、次のようないくつもの、すこぶる重要なことがらが表わされています。

①行政機関の長に対して、情報（保有する行政文書）の開示を求めることができるのは、個人の権利であること（したがって、請求が認められなかったばあいには、この請求棄却〔却下〕処分に対して、行政争訟を起こして争うことができます。後述第十一講〜第十三講を参照）。

②このような権利を持つのは、「何人も」であること（したがって、日本国籍を持たない外国人にも、このような権利が認められます）。

③開示の対象となるのは、原則として、行政機関が保有する全ての行政文書であること（ただし、現実に開示するについては、後に見るような、いくつかの重要な制限があります）。

④開示を請求する理由に、何らの制限もないこと（つまり、後に見る行政争訟の場合のように、自分の個人的な権利利益を守るため、という限られた目的のためだけでなく、広く、行政活動についての情報をうる目的のために、請求をすることができます）。

⑵　**不開示情報**　行政機関の長は、開示の請求があった場合には、求められた文書を開示しなければならない（法的に義務づけられる）のですが（法五条）、ただ、いくつかの場合（同条一号から六号までに書かれたケース）が、その例外とされています。たとえばそのひとつの例は「個人

に関する情報（……）であって、当該情報に含まれる氏名、生年月日その他の記述等により特定の個人を識別することができるもの」ですが（同一号。いわゆる「個人情報」）、これはいうまでもなく、経歴・職歴・病歴・収入その他他人に知られたくない情報（プライヴァシーなど）について書かれた文書が行政機関の手にあって、それが、第三者が情報開示請求をしたことにより当然に公にされてしまう、というのでは、たいへん困ってしまうからです。そのほかこの法律では、たとえば、公にすることにより、法人や個人などの営業上の利益等が侵害されるおそれのある情報（同二号に定めるいわゆる「法人情報」。たとえば、営業上のノウハウについての情報などを考えてください）、公にすることにより、国の安全が害されるおそれのある情報（同三号。いわゆる「国家秘密」）等々が、不開示情報とされています。ただ、たとえば何が「国の安全が害されるおそれのある情報」であるか、といった判断は、もともときわめて微妙であるうえに、法律上、たとえば「個人情報」や「法人情報」については「人の生命、健康、生活又は財産を保護するため、公にすることが必要であると認められる情報」はふたたび不開示情報からはずされている（法五条一号ロ、二号ただし書）などのことがあって、じっさいには、何が開示すべき情報で何がそうでないかは、かなりむずかしい問題です。こういったように、情報公開制度についていちばんむずかしい問題は、行政機関が持っている情報は行政機関が独占せず広く国民に知らせる必要がある、という一方での要求と、他方で、性質上秘密にしなければならない情報についてはそれを保護する必要がある、という要求とを、どうやって調整し、両立させるか、ということなのです。

⑶　情報公開・個人情報保護審査会

行政庁は、開示の請求があった場合、右に見た法五条の不開示情報についての規定をもにらみながら、開示をするかどうかを決めるわけですが、開示をしないという決定（不開示決定）をした場合、開示を申請した者がこれに不満であれば、これに対して、審査請求（後述第十三講参照）ができることになります。右に見たように、ある文書が開示すべき文書であるのかそうでないかは、しばしば、はなはだ微妙でむずかしい問題となりますので、この場合、この審査請求に対してこれを斥ける裁決をしようとする行政庁は、原則として、自分一人で判断をするのでなく、情報公開・個人情報保護審査会という第三者機関の中立公正な判断を仰がなければならないこととされました（法一八条以下）。

情報公開制度の機能　情報公開制度それじたいは、行政機関が持っている情報（文書）を、私たちの前に明らかにさせるという制度であるにすぎません。けれどもこの制度には、じっさいには（これまでの地方公共団体の情報公開条例の経験に照らしてみても）、それ以上のきわめて大きな働きをすることが期待されます。まず第一に、私たち市民は、この制度をとおして得られた情報をもとにして、行政のあり方に対して、さまざまの働きかけをすることができます（地方公共団体の場合には、この制度が、いわゆる「官官接待」などの不正支出を改めさせるために、大きな役割を果たしました）。また、第二に、そもそも、行政機関にしてみれば、いつ情報の開示を求められるかわからないとなれば、おのずから、国民に対して説明のつかないことをしないよう、ふだんからえりを正さざるをえないことになります。この法律が「国民主権の理念にのっとり、行政文書の開示を請求する権利につき定めること等により、行政機関の保有する情報の一層の公開を図り、もって政府の有するその諸活動を国民に説明する責務が全うされるようにするとともに、国民の的確な理解と批判の下にある公正で民主的な行政の推進に資することを目的とする」と定めているのは（法一条）、まさにこういった意味です。

4　個人情報保護制度

個人情報保護制度とは何か

情報公開制度とちょっとまぎらわしいのですが、これとは全く違う、重要な制度として、個人情報保護制度という制度があります。行政機関は、その業務の必要上、私たち市民についてのさまざまな情報（たとえば、出生、経歴、学歴、病歴、職業など、いわゆるプライヴァシーに関する情報）を手に入れることがありますが、個人情報保護制度というのは、こういった情報を、行政機関が、本来の目的以外に勝手に流用したり外部に漏らしたりすることのないよう、厳しく規制するとともに、自分についての情報が間違って記録されていないかどうかなどを確認するために、本人が、これらの情報について開示を求めたり、また間違っていたときには訂正を求めたりする権利を与える制度のことをいいます。法律としては、もう以前から、「行政機関の保有する電子計算機処理に係る個人情報の保護に関する法律」（昭和六三年制定）というのがあったのですが（地方公共団体では、もっと早くから、同じ趣旨の条例が数多く定められていました）、この法律では、保護の対象としている情報の範囲がコンピューター処理をしたものに限られ、しかも、私たちがとりわけ気になる医療情報（病歴など）とか教育情報（学歴・成績など）が開示請求の対象から外されているなど、多くの問題が残されていました。そこで、平成一五年の五月に、この法律を大幅に改正して、対象となる情報の範囲を広げ、また、本人の開示請求権などについても、その内容をいっそう充実した、「行政機関の保有する個人情報の保護に関する法律」が、新たに制定されました。また、この法律と一緒に、（行政機関ではなくて）一般の民間会社などが持っている個人情報を対象とした「個人情報の保護に関する法律」も制定されていて、個人情報保護制度としては、むしろこちらの方が基本法的な性格を持った法律ということになるのですが、行政法入門である本書では、省略することにいたします。

情報公開制度との違い　情報公開制度でもまた個人情報保護制度でも、行政機関が持っている情報について、私たち市民がその開示を求めることができる、という仕組み（開示請求権）があって、その点がよく似ています。しかし、同じように見える開示請求権でも、その意味はかなり違うので、この辺のところは（ちょっとむずかしいかもしれませんが）十分に理解しておかなければいけません。

もう先に見たように、情報公開制度は、私たち市民が、たとえば行政過程に参加してゆくための前提として、行政機関が持っている情報を広く知る機会を保障することをねらいとするものですから、誰でもが広く、原則として行政機関が持っている情報一般について、開示を求めることができる制度となっています。しかし、他方、それだからこそ、特定の個人に関する情報については、個人情報の保護という見地から、例外的にこの開示請求の対象とはならないこととされているわけです。これに対して、個人情報保護制度の方は、まさに、個人情報（プライヴァシー）の保護という見地から、当の本人が（そして、本人に限り）、自分に関する個人情報の開示を求めることができるようになっているのです。こういったことから、じつは、情報公開法のもとでは、たとえば、本人であっても、自己に関する個人情報の開示を求めることはできない（それは、もっぱら個人情報保護法によってのみおこなうべきである）、という考え方がなされてきました。ところが、以前の「行政機関の保有する電子計算機処理に係る個人情報の保護に関する法律」のもとでは、先に見たように、開示の対象とされる情報の範囲がかなり狭かったため、自分についての情報の開示を求めることが、どちらの法律によってもできない、といったケースが起きる、という問題もありました。「行政機関の保有する個人情報の保護に関する法律」が施行されたことによって、この辺の状況は、かなり改善されることになりましたが、この法律のもとでもなお、本人開示が認められない個人情報がなくなったわけではないので（参照、同法一四条一号）、右の問題は完全に解消したとはいえません。

第六講　行政行為――その一

1　「行政行為」の観念

理論上の観念としての「行政行為」　「行政行為」という言葉が従来どんな意味でもちいられてきたか、ということについては、すでに第一講でザッと見ました（前述一三～一五頁）。この言葉は、一九世紀の末にオットー・マイヤーという行政法学者がこれを使って以来、ドイツそしてわが国の行政法理論において、（ちょうど「法律行為」の観念が民法の分野で占めている役割とおなじような）はなはだ重要な役割をはたしてきたのでしたが、この言葉（観念）を正しく理解するためには、まずもって気をつけなければならない点がいくつかあるように思います。

第一に、「行政行為」という観念は、もっぱら学者が理論的に考え出してきた観念であるにすぎないのであって、必ずしもそれ自体がじっさいの法律の上で採用されてきたというわけではないのだ、ということです。わが国のこれまでの法律の上で、「行政行為」という言葉が使われている例はなく、理論的に「行政行為」としての性質が認められる行為は、じっさいには、許可、免許、承認、更正、決定、裁決など、さまざまの名前でよばれています。もっとも、行政事件訴訟法（三条二項参照）および行政不服審査法（一条二項参照）、そして行政手続法（一条一項、二条二号など参照）などでは、「処分」という一般的な言葉がもちいられています。この「処分」の観念には、内容的に見て、たしかに、ここでいう理論的な意味での「行政行為」と共通している部分が多いのですが、しかし、のちにも見るように（後述第十一講〜第十三講）、必ずしもまったく同一の意味を持つものというわけではないのです。こうして、わが国のばあいには、「行政行為」というのは、もっぱら、行政のさまざまの活動の中からある共通の性質を持ったものを選び出し、これを統一的に表現するためにつくりだされた、その意味で純粋に理論的な（理論上の）観念としての性質を持つにとどまっています。これはいわば、人とか馬とか鳥とか魚とか、はてはタコだとかウニだとかいった、さまざまの動物の中から、ある共通の（脊椎を持っているという）性質を持っているものを選び出して、理論的に「脊椎動物」とよぶのとおなじことだといえましょう。

第二に、このように、「行政行為」とは、共通の性質を持った行為を統一的に表現するための観念なのだといっても、そこでいう「共通性」は、（前述一四頁ですでに見たように）「私人に直接なんらかの法的義務を課したり法的利益を与えたりする」という、かなり抽象的な意味での共通性にすぎないのであって、それぞれの行政行為が具体的にどんなかたちで私人の権利・義務に影響をおよぼすのかは、すこぶる多様なのだ、ということです。このことを、もう少しくわしく見てみることにしましょう。

命令的行為と形成的行為

たとえば、行政行為の中に「命令的行為」と「形成的行為」との区別がされることがあります。法律学をあまり勉強したことのない人には、この区別はややむずかしいかもしれませんが、ここではとりあえず、前者（命令的行為）が、「私人が事実としてある行動をすること（しないこと）」自体を規制の対象とする行政行為であるのに対して、後者（形成的行為）は、私人がおこなう行動の法的効果をコントロールの対象とする行政行為である、というように説明しておくことにしましょう。たとえばある人が農地を売買しようとしたとして、この人は、農地法三条一項の定めるところにより農業委員会の許可を受けなければなりませんが、同条の六項を見ると、この許可を受けないでした行為はその効果を生じない、とされています。つまりこのばあいに、農業委員会の許可は、私人の農地売買という行為に法的効果を与えるかどうかを決するというかたちで私人の権利・義務に影響をおよぼしていることになるわけで、その意味で、右に見た「形成的行為」のひとつだ、ということになります。これに対して、たとえばいろいろな営業許可（営業免許）のばあいにも、私人は許可（免許）を受けないでは営業活動をすることができないのですが、ただ、かりに許可を受けないで営業をおこなったらどうなるかというと、このばあい、ふつうは、無許可で営業活動をしたということに対して罰則が適用されます（つまり処罰される）が、しかし原則として、おこなわれてしまった営業上の取引行為自体が法的に無効とされることはないのです（参照、最二判昭三五年三月一八日民集一四巻四号四八三頁）。こういった行為が「命令的行為」の代表例だ、ということになります（ここにも見たように、私たちはよく、「そういう行為は法律上許されない」ということをいいますが、「法律上許されない」ということの意味には、正確にいうといろいろちがったものがあるのです。たとえば、「その行為をすると処罰されることになる」ということと、「その行為をすると行為自体が法的に無効になる」ということとでは、おなじではないのだということを、しっかりと理解してください。こういったちがいがわかるということは、なにも行政法にかぎらず、すべての法律学のイロハなのだといってもよいでしょう）。

また、もっとくわしく見てゆくと、「命令的行為」「形成的行為」のそれぞれについて、さらにさまざまなちがいがあることがわかります。

「下命」・「禁止」、「免除」・「許可」

たとえば、「命令的行為」は、私人が事実としてあることをすること（しないこと）を規制する行為だ、といいましたが、こういった規制の中にも、いろいろなやり方があります。たとえば、建築基準法は、同法が定めるところに違反した建築物について、行政庁が、除却、移転、改築などを命ずることができるものとしていますが（九条一項）、こういったように、規制が、なにかを「命ずる」という方法でおこなわれるばあい、この行政行為を、従来、「下命」としての性質を持つ行為（略して「下命」）、というようにいいあらわしてきました。そして、こういった意味での「下命」の中でも、道路の通行を禁止したり制限する行為（道路交通法六条四項）のように、「ある行為をしないこと（不作為）」を命ずるばあいを、特に「禁止」ともよんでいます。これらの行政行為は、どれも、私人のある行為が事実上なされること（なされないこと）を規制しようとするものですから、相手方である私人がこれにしたがわないときには、なんらかの手段によって、命じた結果（下命内容）を強制的に実現する必要が出てくることになります。こういった手段としては、ふつうは、先に見たように、法律が定めている罰則の適用による制裁（処罰）が中心になるわけですが、さらにばあいによっては、実力をもって、いわゆる行政上の強制執行（後述第十講1）がおこなわれることもあります。この点が「形成的行為」とされる行政行為のばあいとの大きなちがいです。

それからまた、一度こういった「下命」によって（または法律によって直接）命じたこと（いいかえればつまり、一度課された、ある行動をすることとしないことの義務）を、逆に、ふたたび解除するばあいもあります。たとえば、不正に受けた生活保護（金）は、返還しなければなりませんが、事情によっては、もう消費してしまったものについて、これを返還させないことがあります（生活保護法八〇条）。こういった行政行為は、ひっくるめて「免除」とよばれています。また、先に見たように「下命」の中には不作為を命じる行為（禁止）もあるわけですが、この禁止を解除する行為のばあいについては、特にこれを「許可」とよんでいます。たとえば、レストランだの、肉屋だの、薬屋だのといったさまざまな商売をはじめるばあいに必要とされる営業許可は、どういう意味を持っているのかを考えてみましょう。こういったような商売は、だれでもかってにはじめてよいということにしておくと、金儲け主義から、不衛生な施設などを使って市民の健康に被害をもたらすような営業活動がされるばあいもありうるのではないか、という心配があります。そこで、法律で、ともかく一般に、こういった商売をかってにやってはいけない、ということにしておいて（禁止）、しかしぜひやりたいという申請が出てきたときに、行政庁がひとつひとつ審査をして、公衆衛生といった見地などから、この者ならば営業をやらせても危なくはない、と判断されたものについてだけ、この禁止を解除する（つまり、営業をしてもよいという許可を与える）、ということにしているわけです。同じようなことは、なにも営業許可だけではなくて、たとえば、自動車の運転免許などについてもいえるということは、もうおわかりのことでしょう。

ところで、これらの行為はどれも「命令的行為」としての性質を持ち、（先に見たように）私人の行動が事実上おこなわれること、おこなわれないことだけを規制の対象とするにすぎないのだ、ということを、もう一度はっきりとさせておきましょう。こういう意味で、たとえば、営業許可を受けずに（つまり法律による禁止に違反して）商売上の取引行為をおこなったとしても、必ずしも「営業許可を受けていない」ということを理由として、その取引行為それ自体の民法上の効果が否定される（契約が無効になる）わけではないのだ、ということは、先にもう触れました。それからまたたとえば、おなじ場所でおなじ営業をおこなう許可の申請が二人以上の人から出されたようなばあいにも、それぞれの申請が、法律が定めている要件をクリアーしているかぎり、行政庁としては、この全部に許可を与えなければならないことになります。そんなことになったのでは、いったい現実にだれがその場所でその営業をすることになるのかわからず、えらく混乱してしまうではないか、と思うかもしれませんが、しかし、そういった心配はありません。なぜなら、行政法のレヴェルでものを考えるかぎり、許可それ自体の効果は、いわば、営業をおこなう自由（すなわち、営業をしたとしても、処罰そのほかの法的不利益を受けない、という法的地位）を、法律が定めている要件をみたした人に対して、回復することだけにとどまるのであって、（次に見る「特許」などのばあいのように）その場所で営業をおこなう（民法上の）権利自体を与えるものではないからです。言葉をかえていうと、行政法上で営業許可をもらった、ということは、かりにその者が営業をしたとしても（たとえば公衆衛生の確保という目的との関係では）なんら問題はない、ということについて、行政庁のお墨付きをもらった、というだけのことにすぎないので、こういうお墨付きをもらった人たちの中で、だれがじっさいにその場所で営業できるかは、さらに、その人たちの中で、だれが、その場所についての所有権とか賃借権などをえることができるか、という、民法上の問題になるわけです。

「特許（設権）」・「剝権」、「認可」

次には、いわゆる「形成的行為」の方を見てみましょう。

行政法学で以前から「特許（設権）」という言葉であらわされてきたのは、

「私人に直接、特定の排他的・独占的な権利を与えたり、または、私人と行政主体との間に包括的な権利関係を設定する行政行為」のことでした。もちろん、ここでいう「特許」も先ほどの「許可」とおなじように、あくまでも理論上の観念であるにすぎないので、じっさいの法律の条文の上で、どんな言葉であらわされているか、ということとは関係ありません。たとえば、理論上は「特許」の性質を持っている行為が法律の上では「許可」という言葉で書かれていたりすることは、よくあることですし、またたとえば特許法という法律が定めている特許（いわゆる「発明の特許」）の制度などは、ここでいう「特許」とは直接の関係はないのです。

たとえば鉱業法という法律は、鉱業許可という行為（制度）について定めています（同法二一条）。これはどういう制度かというと、金・銀・ダイアモンドあるいは石油・石炭といったいわゆる地下埋蔵物は、非常に貴重なものであるのに、全体としての埋蔵量はかぎられているわけですから、だれでもがかってに掘り散らかしたのでは、国民全体にとってはたいへん困ったことになるわけです。そこでこの法律は、地下埋蔵物を掘り出す権利を、国がすべて独占することにし（同法二条）、私人から申請があったばあいに個別的に審査をして、この者に掘らせるならば資源のいたずらな浪費といったことにはならない、と思われるばあいだけ、この者に（もともと国が持っている）地下埋蔵物を掘採する権利（いわゆる「鉱業権」）を特に与える、ということにしているわけです。この「鉱業権」を与える行為がこの法律のいう鉱業許可という行政行為であるわけですが、「鉱業権」というのは、まさに、あるかぎられた区域（鉱区）の中で、ある特定の地下埋蔵物を掘採する、排他的独占的な権利ですから（たとえばその土地の土地所有者であっても、土地所有権とはべつに、この「鉱業権」の設定を受けなければ、地下埋蔵物を掘り出すことはできないのです）、鉱業許可はまさに先に見た意味での「特許」としての性質を持つことになります。

このように「特許」によって与えられた私人の権利は、先に見た「許可」によって行動の自由が回復されるにとどまるばあいとちがって、排他的・独占的なものですから、「特許」を受けた者は、その権利によって、あとからおなじ内容の特許を受けた者、そしてそのような重複特許をした行政庁に対して、法的に保護される（対抗できる）ことになります。たとえばこういったばあいを考えてみてください。ある営業について、先に営業許可を受けた者（甲）が営業をはじめれば、（権利はないにしても）事実上の独占的利益をうることが多いでしょう。そこに、新たにべつの者（乙）が許可を受けて近隣でおなじような営業を開始したとすれば、甲が経済的打撃を受けることはおおいに考えられます。そこでこういったケースで、もし乙がもらった許可が違法なものであったばあい、甲は、違法な行政行為によって自分の権利が侵害された、として、国とか地方公共団体とかに対する訴えを起こすことができるか、という問題がでてきます。しかし、こういった訴えはできませんね。なぜなら、先に見たように、甲に対する営業許可は甲に「営業する権利」を与えるものではありませんから、乙に対する許可がかりに違法であったとしても、そのことによって、甲の権利が侵害されている、ということにはならないからです。ところがこれに対して、「特許」、たとえばさっきの鉱業許可のばあいであれば、先に鉱業権の設定を受けている甲は、おなじ鉱区について乙におなじ内容の鉱業許可が与えられたとすれば、とうぜん、これは自分の（排他的・独占的）権利を侵害するものだ、として、訴訟で争うことができることになるわけです。

なお、「剝権」というのは、理論的に「特許」とちょうど正反対の法的効果を持つもので、たとえば私人から特定の権利を剝奪したり、法律関係を解消せしめたりする行為が、これにあたります（土地の収用裁決、農地買収処分、など）。

「認可」も、この行政行為がおこなわれることによってはじめて私人のある行為が適法におこなわれるようになる、という意味では、「許可」や「特許」と共通の性質を持っているわけですが、ただ、「認可」のばあいには、私人相互のあいだで法律行為が先にすでにおこなわれているということを前提として、いわばこれらの行為を補充して、その法的効果を完成させる、という効果を持つものであるところに、その特徴があります。まず「認可」は、「許可」とはちがって、私人の行動の法的効果を直接にコントロールしようとするもので、したがって、「認可」を受けなければならないのにこれを受けないでおこなわれた私人間の合意（契約）は、そのことだけで、法的効果を否定される（無効とされる）ことになります（参照、農地法三条六項、銀行法三〇条一項、など）。その反面、無許可である行為をおこなったばあいに必要となる罰則による制裁だとか強制執行だとかは、無認可のばあいにはほんらいいらないことになるわけです。また、「認可」は、この意味で「形成的行為」であるといっても、私人のなんらかの法律行為が先におこなわれる、ということを大前提としているわけで、「特許」があらかじめ包括的に権利を設定したり法律関係を形成したりするのとはちがいます。ですからたとえば、農地の売買に認可（法律上の言葉では許可）が与えられたとしても、私人間での売買の合意自体に瑕疵があって、民法上無効であったり取り消されたりしたばあいには、農業委員会の認可がもう出ているからといって、そのことによってこの売買があらためて有効になる、というようなことはないのです（参照、最一判昭三五年六月二日民集一四巻九号一五六五頁、最三判昭三五年二月九日民集一四巻一号九六頁、など）。

理論上のモデルと法律のじっさい

さて、以上見てきたような行政行為の諸タイプ（類型）、つまりその行為が私人の権利義務とどんなかたちでかかわりあうか、という見地から行政行為を理論的に分類した結果を図で示してみますと、おおよそ次頁の図のようなことになるでしょう。

ただ、ここでぜひとももう一度しっかりと頭に入れておいていただきたいのは、こういった分類上のもろもろの観念は、そのどれも、法令の規定によってそれぞれの行政行為にむすびつけられている法的効果を、ある一定の見地から理論的に整理してつくられたものであって、その性質上、一種のモデル概念であるにすぎない、ということです。したがって、じっさいの法律の規定の上で登場してくるさまざまの行政行為は、必ずしもそのすべてが、こういったモデルの中のどれかをそのままのかたちで体現しているというわけではないのです。

これはまあ、たとえば、こんなことだと思ってください。かりに、さまざまの人間の中で、肌の色が白く青い眼で金色の髪を持った人たちを白人（白色人種）とよび、黄色い肌でまっすぐの黒い髪に黒い眼を持った人たちを黄人（黄色人種）と、また黒い肌黒い眼に縮れた髪を持つ人々を黒人（黒色人種）とよぶことにしたとします。この中のどれかにそのままあたる人たちは、もちろん数の上で多いでしょうけれど、しかしたとえば、白い肌に黒い髪黒い眼、あるいは黒い肌に黒い眼まっすぐの髪を持った人だって、じっさいにはたくさんいるわけですね。これとおなじように、行政行為のばあいでも、たとえば、ひとつの行為でありながら、左図の行為類型の中のふたつ以上の性質を同時に兼ね備えている、と考えられるケースもあります。たとえばもう先に

（図）

- 行政行為
  - 命令的行為
    - 下命　×免除
    - 許可　×禁止
  - 形成的行為
    - 特許（設権）×剝権
    - 認可

（注）×印は、理論的に正反対の法的効果を持つ関係であることを示しています。

も見た農地の権利移動についての農業委員会の許可（農地法三条一項）は、「認可」（形成的行為）の典型例のひとつだと考えられるわけですが、しかし同時に農地法は、この許可を受けないで権利移転行為がなされると三年以下の懲役または三百万円以下の罰金を科することとしています（同法六四条）。先に説明したように、もしここでの（農地法上の）許可が純粋に形成的行為としての「認可」であるとするならば、それを受けないでおこなわれた私人の行為については、それを法的に無効としさえすればすむわけで、それだけですまずさらに処罰をしようというのはつまり、農地法三条の許可が、まさに事実として権利移転行為がおこなわれること自体をも規制の対象としている（つまり「命令的行為」である）からだ、と考えられるのではないでしょうか。その意味でふつう、農地法三条の許可は「認可」としての性質を持つと同時にまた「許可」としての性質をも兼ね備えたものだ、と考えられているのです。

またたとえば、電気事業・ガス事業などに対する許可（電気事業法三条、ガス事業法三五条）などのいわゆる「公企業の特許」は、こういった公共性の強い事業をまちがいなくおこなう能力と意思のある者に、供給区域をかぎって特に独占的（または寡占的）な営業権（電気などの供給権）を保障する（たとえば参照、電気事業法五条五号・一七条など）ことをその目的・効果とするものとして、従来、先に見た鉱業許可（鉱業権の設定）のばあいとおなじように「特許」（形成的行為）としての性質を持つものであると考えられてきたのですが、他面、これらの事業許可を受けないで事業を営んだ者に対しては罰則の適用があることにもなっています（参照、電気事業法一一六条一号、ガス事業法一九四条、など）。それで、かりに右の考え方のように、電気事業・ガス事業の許可が特許としての性質を持つものということを前提とするならば、これもまた（農地の売買に対する許可のばあいとおなじように）、結局「形成的行為」（このばあいには「特許」）と「命令的行為」（「許可」）との合体行為としての性質を持つものと考えることができるわけです。

その他の分類方法

以上に見てきたような見地とはまたまったくべつの見地から、行政行為はこれまで、いろいろなかたちで理論的に分類されてきました。たとえばもう先に見た「羈束行為」と「自由裁量行為」の区別（前述五五頁以下参照）もそのひとつの例だということができるでしょうが、そのほかにもたとえば、行為者（すなわち行政行為をおこなう公務員）の意思の内容がどの程度行政行為の法的効果に反映しているか、という見地から、民法の法律行為論にならって、「法律行為的行政行為」と「準法律行為的行政行為」との区別がなされたりすることがあります。また、先に見たような、命令的効果、形成的効果などとはちょっとちがった理論的次元での特殊の法的効果の有無をめぐって、「確認」「公証」「通知」「受理」といった行為が分類されることがあるのですが、これはやや込み入った話になりますので、ここではいっさい省略することにしましょう。

第七講　行政行為——その二

2　行政行為の諸効力

「効力」の観念

第六講で見たように、行政行為には、法令の定めるところにしたがって、いわば「命令的効果」「形成的効果」とでもいうことができるさまざまな法的効果があるわけです。これらの効果は、いわば、その行政行為が主としてねらっている、その意味で行政行為のほんらいの（実体的）効果ということができるかもしれません。ところが、法律は、このような効果に加えてまた、行政行為の全部または一部のものに、いわばこういった実体的な効果をよりよく発揮することができるように、さらに特別の（手続的）効果を与えています。そしてこれらの特別の効果は、ふつう、私人の法律行為には見られないもの、つまり、私人の法律行為とはちがった行政行為の公権力性を特徴づけるものであることが多いのです（たとえば、動物も植物もおなじように、個体を成長させまた子孫を残す能力を生まれながらに与えられているわけで、この点でのちがいはないわけですが、動物は、食料をさがしまた危険から逃れられるように、飛んだり走ったり泳いだりする特別の力をさらに持っているわけで、これは植物には原則としてないものですね。まあ、だいたいこんなようなことだと思ってください）。

行政法学ではふつう、行政行為にそういった特別の法的効果が存在することをあらわすために、「行政行為は、私人の法律行為にはないさまざまの特殊の効力を有している」というい方をしています。そうして、このような意味での特殊の「効力」としては、（自力）執行力、不可争力（形式的確定力）、公定力、不可変更力、などが理論的に認められてきました（いわば先の例で、動物が特に持っている飛翔力、走力、跳力、泳力、などに対応する、ということになりましょうか）。以下では、これらについて、順番に説明してゆくことにしましょう。

（自力）執行力　私人間で契約がむすばれると（つまり、民法でいう「法律行為」がおこなわれると）、一方の私人（甲）は権利を持ち（つまり債権者となり）、他方（乙）は義務を負う（つまり債務者となる）わけですが、このばあい、もし債務者（乙）が、契約で決められた期限までに義務を履行しなかったら（たとえば商品を受け取ったのにその代金を支払わなかったら）、どうなるでしょうか？　債権者（甲）は、約束違反だからといって、債務者（乙）の家に強引に乗り込み、なんでも金目のものを持ってきてしまう、というようなことができるでしょうか？　ふつう、近代国家ではこんなことは許されないので、こういうばあいには、原則として、自分に権利があると主張する方（つまり甲）が、裁判所に訴え（民事訴訟）を起こして、自分の権利がほんとうにあることを判決で認めてもらい、裁判所の力を借りてはじめて、乙に対する強制執行ができるようになっています（次頁の図Ⅱを参照してください。このことを、民事法における「自力救済の禁止」といいます）。ところが、行政行為によって私人に義務が負わせられるばあいには（たとえば、課税処分で一定期限までに税金を納めなければならないこととされたケースを考えてください）、これとちがって、相手方である私人（乙）がその義務を期限内に履行しないとき、行政庁（甲）が、裁判所に訴えを起こさずに、直接自分の力で強制執行することができるようになっているばあいがあります（次頁の図Ⅰを参照のこと。たとえば税金の滞納をしたばあいに滞納処分がおこなわれたり、違法建築物であるとして取り壊しを命じられた建物について、強制的に取り壊しがおこなわれるケースなどはその典型例です）。こういったようなばあいに、従来、「行政行為には（自力）執行力がある」といういい方をしてきたわけです。

もっとも、この「（自力）執行力」については、オットー・マイヤー以来、わが国でも以前は、「行政行為にはほんらいとうぜんにこういった力があるのだ」、という考え方がされていたのですが、こんにちではこういう考え方は否定されて、むしろ、行政行為につき自力執行が許されるのは、法律が特に明文で行政庁にそういうことを許しているばあいにかぎられる、というのが、一致した学説となっています（後述第十講1参照）。ただ、このように自力執行をする権能が法律上行政庁に認められているばあいにかぎっていえば、かりに、相手方である私人がその行政行為に対して不服申立てや抗告訴訟を起こして争っているばあいでも、なお原則として自力執行をすることは妨げられない（つまり、行政庁は、判決が出るまで執行をストップして待つ必要はない）ということも忘れてはなりません（参照、行政不服審査法二五条一項、行政事件訴訟法二五条一項）。このことについては、またのちに、行政救済法についてのお話をするところ（第十一講～第十三講）でくわしく説明することにしましょう。

不可争力（形式的確定力）　さて、右に見たように、私人どうしの間の民事法関係では、債務者が義務を履行しないときには、自分に権利があると主張する方（債権者）が裁判所に訴えを起こさなければならないのだとすると、それは逆にいえば、債務者としては、義務の履行を求

図Ⅰ　行政行為の場合

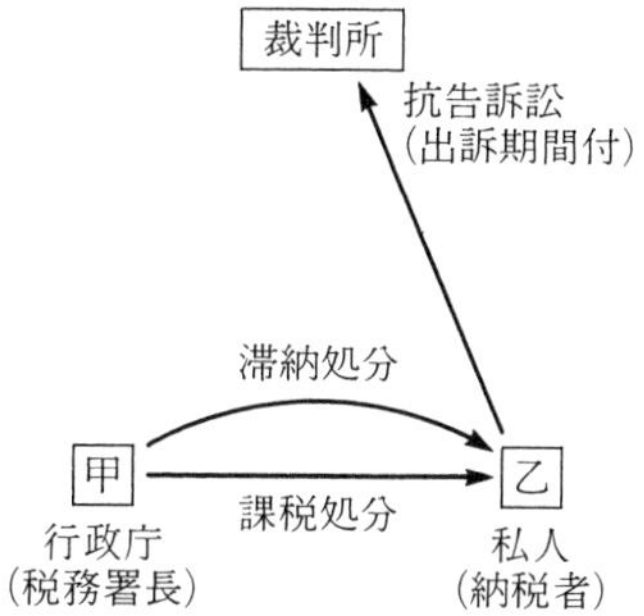

図Ⅱ　法律行為の場合

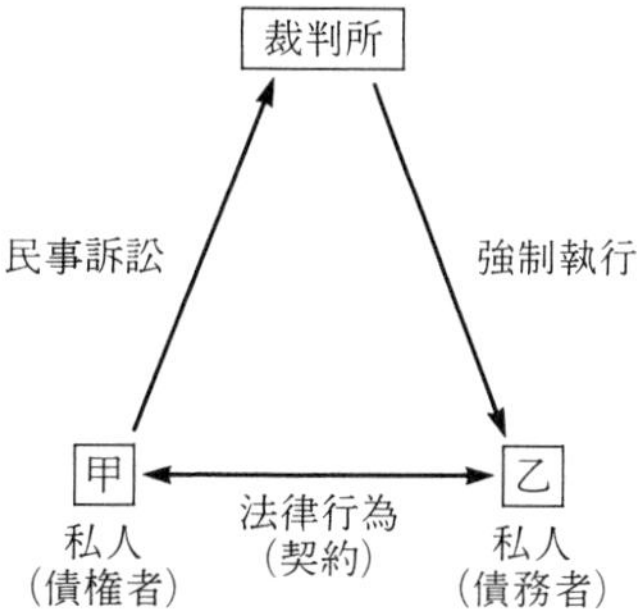

められたとしても、もし（たとえば契約は無効であったとか、もう支払いずみであるとかの理由で）自分にはそんな義務はない、と考えるばあいには、「払うつもりはない」とだけいって（いわゆる「否認」）、あとはほうっておけばよい、ということになります（それで不満ならば、債権者が訴えを起こしますから、債務者はそこではじめて、裁判所で、払わない理由をるる説明すればよいわけです）。ところが行政行為のばあいには、先に見た（自力）執行力の問題もあるし、またそれ以外にものちに見るようなさまざまの理由があって、こういうわけにはゆきません。相手方である私人は、その行政行為によって課された義務が自分には存在しないと考えるときには、ただこれを否認するだけではだめなので、自分の方から積極的に行政上の不服申立てあるいは抗告訴訟という方法によって、裁判所などで争わなければならないのです（前頁の図Iを見てください。くわしくはのちに行政救済法——第十一講〜第十三講——のところで説明します）。ところが、こういった申立てや訴えは、ふつう、一定の期間内にしなければいけないことになっていて（参照、行政不服審査法一八条、行政事件訴訟法一四条、など）、こうした法定の期間をすぎてしまうと、私人はもはや、その行政行為の違法を主張して、その取消しを求めること自体ができなくなってしまいます。このように、法律上定められた不服申立期間・出訴期間がすぎてしまうことによって、もはやその行政行為の効果を私人が争うことができなくなったとき、一般に「当該行政行為には不可争力（または形式的確定力）が生じた」といういい方をするわけです。

公定力

行政行為の「公定力」というのは、なかなか説明がむずかしいのですが、かりに一言であらわそうとすれば、

「特定の機関が特定の手続によって取り消すばあいを除き、いっさいの者は、一度なされた行政行為に拘束されるという効力」

である、ということになるでしょう。でも、これだけではいったいなんのことかチンプンカンプンだろうと思います。そこで、もう少し具体的に、これを説明してみることにします。

さて、いまわかりやすい例として、たとえば、行政行為（形成的行為）によって私人の財産について権利の変動が生じるケースを取ってみましょう。たとえば、収用委員会の収用裁決によって、先祖代々の土地が国際空港建設のため起業者（成田国際空港株式会社）に、あるいは新幹線建設のために起業者（独立行政法人鉄道建設・運輸施設整備支援機構）に、取られてしまった、というような例を考えていただければよいでしょう。このばあい、もとの土地所有者（甲）が、この行政行為（収用裁決）は違法であるのであって、なんとか土地を取り返したいと考えるとしたならば、甲はいったいどうすればよいのでしょうか。このばあい、もし民事法（民法や民事訴訟法）の原則が適用されるのだとしますと、この者（甲）は、この土地を現在持っている者、つまり起業者（乙）を被告として、裁判所に土地の返還を求める訴え（民事訴訟）を起こすことにな

ります。そしてその際、甲から乙への権利変動は無効であるということを主張し、その理由づけとして、収用裁決は違法である、ということを主張すればよい、ということになるはずです（次頁の図Ⅳを参照してください）。裁判所がこの主張を検討して、たしかに収用裁決は違法であった、ということになれば、それを理由に、裁判所は乙に対し土地の返還を命じる判決をすることになるはずなのです。ところが、従来、学説・判例は一致して、こういったケースで、甲はこのようなやり方をすることはできない、と考えてきました。なぜかというと、行政行為は民法上の法律行為とはちがって、それ自体がまず不服申立てだとか取消訴訟（抗告訴訟）などの手続（次頁の図Ⅲの①）によって取り消されていないかぎり、原則としてほかの訴訟（図Ⅲの②）ではその訴訟の裁判所（図Ⅲの裁判所Ａ）を拘束するのであって、当該の裁判所（Ａ）は、かりに審理の中でこの行政行為が違法であるという判断に達したとしても、これを有効なものとして扱わなければならない、とされてきたからなのです（たとえば参照、最三判昭三〇年一二月二六日民集九巻一四号二〇七〇頁、最大判昭三一年七月一八日民集一〇巻七号八九〇頁など）。したがって、このような考え方によれば、先のケースでは、甲は、まず行政庁（収用委員会）が所属する都道府県を被告として、収用裁決の取消訴訟（図Ⅲの①）を起こして（正確にいうと、その前に、行政上の不服申立ての手続があるのですが、話をかんたんにするためにここではこの点については省略します）収用裁決を取り消してもらい、そのうえではじめて、べつに乙（起業者）を被告とした民事訴訟（図Ⅲの②）

を起こすという、二重の手間をかけなければならないことになります。

ところで、こういったことを、見方をちょっと変えていいあらわすならば、「違法な行政行為も取り消されるまでは原則として有効である」ということにもなるでしょう。そして、このように違法な行政行為をそれにもかかわらず有効ならしめる力がまさに「公定力」である、ということになりそうです。そこで、こういった見方をするならば、「公定力」は、いわば、「法律による行政の原理」の「例外」（前出第四講で説明したことをもう一度思い出してください）のひとつであるということになるわけです。じつは、まさにそうだからこそ、従来、「公定力」がはたらく範

図Ⅲ　行政行為の場合

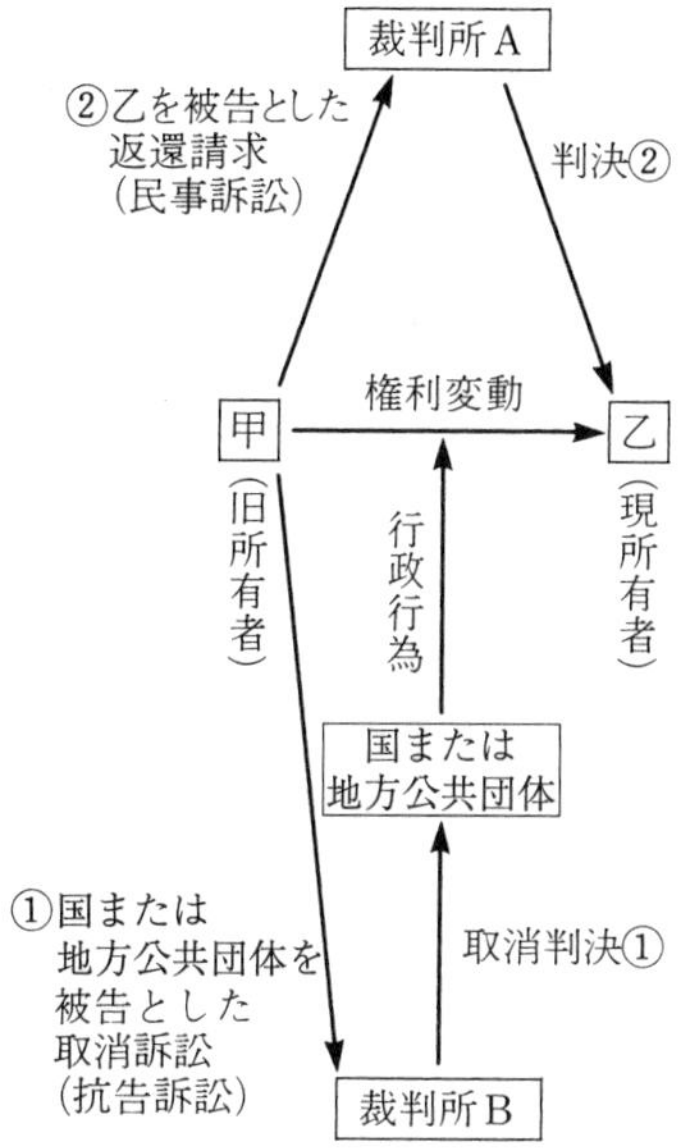

図Ⅳ　法律行為の場合

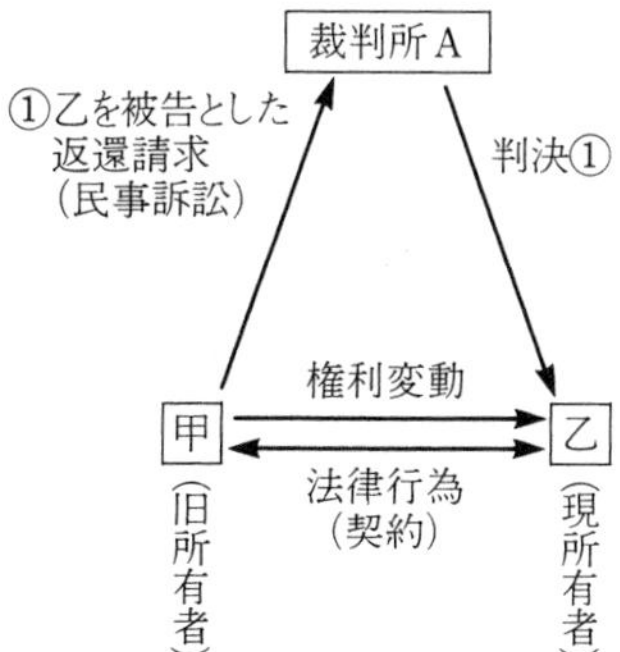

囲を必要以上に大きくさせないようにしようという理論的な試みが、学説・判例上さまざまにおこなわれてきたのでした。たとえばのちに見る「無効の行政行為」という考え方はその一例ですが、そのほかにもたとえば、①刑事訴訟の先決問題として行政行為の適法性・違法性が問題となる場合については（先に見たケースは民事訴訟の先決問題として行政行為の適法性が問題となるケースだったことに注意してください）、一般に行政行為の公定力はおよばない、ということをいう人がいますし、また、②一般に判例・学説上、行政行為の違法を理由として国家賠償請求をおこなうばあいには、あらかじめこの行政行為の取消しがなされていなければならないということはない、とされています（参照、最二判昭三六年四月二一日民集一五巻四号八五〇頁）。また、一般論として「公定力はもともと、行政行為にその効用を発揮させ、行政行為の目的とする公益の実現を一応可能にするために認められるものであるから、公定力の及ぶ範囲は、それぞれの行政処分の目的、性質に応じこれを認むべき合理的必要の限度に限られるものと解するのが相当である」とする、東京地裁の有名な判決があるのですが（東京地判昭三九年六月二三日判時三八〇号二二頁。こういった問題はふつう、「公定力の限界」または「公定力の客観的範囲」の問題、とよばれています）、くわしいことは省略します。

不可変更力（確定力）

「不可変更力」というのは、行政行為をおこなった行政庁がみずから、一度おこなった行為を取り消すこと（いわゆる「職権取消し」）はできない、という効果のことで、先に見た「不可争力」や「公定力」とはちがい、行政行為の中の特定の種類のものにだけこの効力はあると考えられています。

この効力はじつは、（行政行為ではありませんが）裁判所がおこなう裁判判決には一般的にあるものとされていて、裁判所がひとたび判決をおこなうと、その判決をくだした裁判所（裁判官）があとから「しまった、あれはまちがった！」と思っても、みずからこれを取り消すことはできないことになっています（これをふつう「裁判判決の自縛性」といいます）。でもなぜそうなのか？　皆さんは「裁判所はほんらい正しい判断をすべきなので、まちがっていたと思ったらむしろそれはあらためるべきなのではないか？」と思うかもしれませんね。ここはたしかにむずかしいところなのですが、じつは裁判というのは、「正しい判断」ということもさることながら、同時に、ひとびとの間に争いがあって、当事者だけでは決着がつかないときに、国の力によってともかくも決着をつける、ということに、重要な目的があるのです。裁判所に訴えを起こして勝ったのに、翌日になると「あれはまちがっていた」としてひっくり返され、それがまた何日かしたら、「やっぱりもとの方が正しかった」としてくつがえされるようだったら、いったいどうなるでしょうか。そもそも裁判制度というものがある、ということの意味がなくなってしまうのではないでしょうか。

これとおなじように、行政行為の中でも特に審査請求に対する裁決（後述第十三講参照）など、その性質の上で裁判判決に似たような目的を持つものには、このような効力が認められる、ということが、判例・学説の上で認められてきています。そして、このように「不可変更力」が認められる行政行為のことを特に「確認（行為）」とよぶことがあります（前述一一一頁参照）。

注意していただきたいのは、「不可変更力」というのは、行政行為をおこなった行政庁みずからがこれを取り消すことはできない、という効果にすぎないので、たとえばこの行為に対して取消訴訟が起こされて、その結果裁判所がこれを取り消すのは、これとはまったく別問題だ、ということです。これは、裁判判決のばあいでもおなじことで、たとえば地方裁判所がした第一審判決を地方裁判所みずからが取り消すことはできませんが、上訴（控訴・上告）の手続がとられることによって、高等裁判所や最高裁判所がこれを取り消すことができるのは、皆さんもよくご存知のとおりです。

3　行政行為の取消しと撤回

「取消し」および「撤《てっ》回《かい》」の観念

さて、以上見てきたこと、とりわけ先に見た「公定力」という効力との関係から、行政行為についてはその「取消し」ということが非常に重要な問題なのだ、ということに気がつかれただろうと思います。行政行為を取り消す（行政行為の取消し）ということは、一口でいえば、（行政行為に「公定力」があるために）一応有効に通用している行政行為の効果をさかのぼって失わせる、ということなのですが、このことについてその意味をさらに十分に理解しておくことが、はなはだ重要です。それからまた、じっさいの法律の上では「取消し」という言葉がもちいられていながら、じつはそれは、ここでいう「取消し」なのではなくて、やや性質のちがった、ふつう「撤回」とよばれるケースであるばあいがあるので、このことにも注意をしておく必要があります。

「職権取消し」と「争訟取消し」

「取消し」の手続には大きく分けて「職権取消し」と「争訟取消し」のふたとおりのものがあります。

「職権取消し」というのは、先に「不可変更力」のところでちょっと触れたように、行政行為の相手方など私人の方から取消しの要求が出されなくても、行政庁の方でみずから自発的に、行政行為が違法または不当（裁量の誤りがあること。前述六〇～六一頁を参照のこと）であったことを理由として、これを取り消すことをいいます。わが国のばあい、職権取消しをめぐる法問題について一般的に定めている法律上の規定はいまのところ（行政手続法の「不利益処分」に関する規定を除けば）ないのですが、学説上一般に（のちに述べるように取消しが制限される一定のばあいを除いて）、行政庁は違法または不当な行為を、原則として常にみずから取り消せるし、また取り消さなければならないものと考えられています。

「争訟取消し」とは、違法または不当な行政行為に対して、行政庁が自発的にこれを取り消すのではなくて、相手方である私人が、法律上設けられているさまざまな争訟手段をとることによって、一定の争訟手続を経た後、争訟の裁断機関がこれを取り消すばあいをいいます。現行法上争訟取消しには、大きく分けて、行政不服審査法などに基づく行政上の不服申立てによる取消しと、行政事件訴訟法などに基づく抗告訴訟による取消しとがあります。こういった争訟制度については のちに第十一講～第十三講であらためてくわしく説明することになりますので、ここでは、これらの方法による行政行為の取消しにはおおよそどういったパターンがあるのかということを、かんたんに図示（次頁参照）しておくだけにしておきたいと思います。

「撤《てっ》 回《かい》」　「撤回」というのは職権取消しと似ていますが、「取消し」が、もともと違法（または不当）であるけれど（「公定力」のため）一応有効として通用してきた行政行為について その効果を失わせる、という意味を持つものであるのに対して、「撤回」の方は、行政行為はもともと適法におこなわれたのだけれども、後発的になんらかの事情が生じたため、今後ともその行政行為の効果を存続させるのは公益上望ましくなく、そのためにもっぱら将来に向かってその効果を失わせる、という目的を持ったものである点で、ちがいがあります。たとえば自動車運転免許の取消し（道路交通法一〇三条）、営業許可の取消し（風俗営業等の規制及び業務の適正化等に関する法律八条など）などは（法律上は「取消し」という言葉が使われていますが）、その性質の上では「取消し」ではなく「撤回」である、よい例です。つまり、たとえば交通法規違反をやって免許取消処分を受けるようなケースでは、もともと免許をもらった時点ではなんら問題はなかったので、ただ、こんな重要な法規違反をやるようでは、危なくって、もう将来に向けてまで免許を与えておくわけにはゆかない、ということで処分がされるわけですね。こういったわけで、取消しのばあいには、行政行為がおこなわれた時点にまでさかのぼってその効果が失われるのに対し、撤回にはこういった遡及効果はありません。

（図）

	（争訟制度の種類）	（法　律）	（具体的方法）	（取消機関）	（取消行為）
争訟取消し	行政上の不服申立て	行政不服審査法	審査請求	処分庁・不作為庁以外の行政庁（＊）	裁決（行政行為）
			再調査の請求	処分庁	決定（行政行為）
			再審査請求	法定の行政庁	裁決（行政行為）
		個別法	不服申立て	法定の行政庁	決定・裁決・審決その他（行政行為）
	抗告訴訟	行政事件訴訟法	取消訴訟	裁判所	判　決
		個別法	取消訴訟	裁判所	判　決

（＊）原則として最上級行政庁

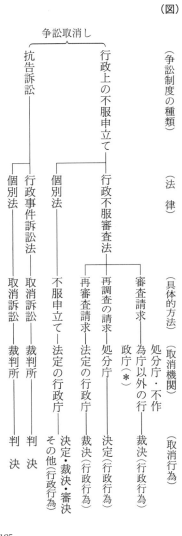

取消しおよび撤回の制限

行政行為が違法であれば、「法律による行政の原理」ということからして、もとにさかのぼって取り消されるのはあたりまえだろうし、また、公益（たとえば道路交通上の安全、公衆衛生の確保、など）のため必要だ、ということになれば、（行政庁はもともと公益をできるだけ実現するということをその任務としているのですから）将来に向けて行政行為を撤回する、というのも、とうぜんのことだ、ということになるでしょう。そしてこのこと自体は、まったくそのとおりなのです。ただ、たとえば営業許可を受けてもう何年もある商売をやってきた、というような例を考えてみましょう。このばあい、当人がもともとインチキをして、ほんらいならもらえないはずの許可を手に入れたようなばあいならばともかく、当人としては、営業許可がそもそも違法だったなどとは思ってもみなかった、というケースだって少なからずあるでしょうし、また何年ものうちには、ひいきのお客もふえ、材料の購入ルートも確立して、順風満帆商売繁盛、といったことだってあるでしょう。こんなときに、じつはあの営業許可は違法だった、として取り消され、もはや商売はできない、ということになると、この人が受ける打撃は、とうぜん甚大なものになるはずです。そこで、こういったケースでは、理論的にいえば「取消し」や「撤回」をしてもよいはずなのだけれど、それにもかかわらず、関係者のこういった利益を保護するという見地から、あえて例外的に、そうしてはいけない、ということにする必要があるのではないか。これが、ここでいう取消し・撤回の「制限」の問題なのです。こういった「制限」は、明文の法律の規定で定められていることもありますが、多くはむしろ、これまでの学説・判例によって考え出されてきたのでした。

具体的には、たとえば次のようなことが問題になります。

まず第一に、「法律による行政の原理」との関係で、一度与えた許可などを取り消しまたは撤回するのは、そのこと自体（右に見た例でもわかるように）私人に対して不利益な効果をもたらす処分なのだから、こういうことをするためには、それを認める明文の法律の規定がなければいけないのではないか（いわゆる「法律の留保の原則」。前述四四頁以下、四九頁以下を参照のこと）という問題があります。この点については、昔からいまにいたるまで、いろいろな議論があるのですが、以下「取消し」と「撤回」とをわけて見てゆくことにしましょう。

まず「取消し」についていうと、「取消し」というのは、先に説明したように、行政行為が違法（または不当）であるときに、まさにそのことを理由として、その行政行為の効果を失わせる行為なのですから、「法律による行政の原理」を出発点として考える以上、少なくとも行政行為が違法であるかぎりは、ほんらいすべて取り消せるし、また取り消さなければならないはずで、そんなことにあらためて法律の明文の根拠を必要とすることはないように思われます。ところが、（これは、先に法律による行政の原理の「限界」として触れたことなのですが――前出七一頁）、従来の学説・判例は「取消し」についても、次のような制限があるものと考えてきたのです。

まず「職権取消し」については、(先に見たように)「不可変更力」を有する行政行為はとうぜんのことながら職権で取り消すことができないわけですが、しかしそのほかのばあいであっても、それを取り消すことが関係者の利益をいちじるしく害するようなばあい(――たとえば、先に見た例のように――相手方である私人に利益を与えるような行政行為だとか、あるいは、――たとえば農地売買の認可などのように――その行政行為をベースにして私的な法律関係が形成されているようなケースがそういったばあいにあたる、と考えられます)には、行政庁は、(特に取消しを認める法律の規定がないかぎり)職権取消しをすることはできず、取り消せばかえってその取消し自体が違法になる、と考えられています。ただ、違法な行政行為は取り消されなければならない、というのがあくまでも原則なのですから、具体的なケースにおいては、はたして取消しが許されるのかどうかについては、きめ細かく、慎重に検討しなければならないわけです(具体的な事例として、参照、最三判昭三三年九月九日民集一二巻一三号一九四九頁、最二判昭三一年三月二日民集一〇巻三号一四七頁、最一判昭四三年一一月七日民集二二巻一二号二四二一頁、など)。

次に「争訟取消し」は、法律が、違法または不当な行政行為に対して、私人の権利保護のためにわざわざ設けた権利救済制度に基づくものなのですから、違法・不当な行政行為は、ここではとうぜん、すべて取り消せるしまた取り消さなければならないことになるはずです。ところがわが国の現行法上、ごく特殊なばあいについてなのですが、なおその例外が認められないわけではないのです。特に、行政事件訴訟法三一条一項が「取消訴訟については、処分又は裁決が違法ではあるが、これを取り消すことにより公の利益に著しい障害を生ずる場合において、原告の受ける損害の程度、その損害の賠償又は防止の程度及び方法その他一切の事情を考慮したうえ、処分又は裁決を取り消すことが公共の福祉に適合しないと認めるときは、裁判所は、請求を棄却することができる」と定めているのは有名で、この規定によっておこなわれる判決のことをふつう「事情判決」とよんでいます。また、行政上の不服申立てに対する裁決についても、おなじような規定が行政不服審査法四五条三項に置かれています（いわゆる「事情裁決」）。ただいうまでもなく、こうした制度は、ほんらい「法律による行政の原理」に対する重大な例外であるわけですから、法律の規定自体、他方で「この場合には、当該判決の主文において、処分又は裁決が違法であることを宣言しなければならない」として（行政事件訴訟法三一条一項第二文）、かりに処分自体は取り消さないばあいでも、違法な行政活動に対する裁判所のコントロールということは、可能なかぎりでこれを実現しようとしているのです（なお、同条二項も参照のこと）。

さて「撤回」のばあいには、「取消し」のばあいとはちがって、もともとその行政行為が違法（または不当）であった、というわけではないのですから、これを公益を理由に将来に向けて撤回するということが、法律の根拠なしに自由にできるのかには、いっそう問題があることになるわけで、じっさいこの点をめぐっては、昔から多くの議論がありました。その結果、現在のところ判例・学説で一般にとられている考え方を整理してみると、だいたい、こんなことになるだろうと思います。

まず、問題が、行政行為の相手方である私人の利益の保護を考える、というところから出発している、ということで、①相手方である私人にとって不利益な内容を持つ行政行為、つまり、相手方たる私人の権利や自由を奪ったり制限したりし、あるいは義務を課するような行政行為は、原則として自由に撤回できる、と考えられています。ただ、こんにちでは、ある者にとっては利益となる行為が、ほかの者（第三者）にとっては不利益となる、というばあいがずいぶん多くなっていますから（たとえば、ごみ処理場などいわゆる迷惑施設の建設許可などを考えてみてください）、第三者の利益の保護ということも考えに入れると、それだけでよいのかということは、なお問題だろうと思います。

これに対して逆に、②私人に対し利益を与える行政行為のばあいについては、従来、法律の明文の規定がないかぎり、原則として自由に撤回はできない、と考えられてきたのですが、こんにちでは、少なくとも「人の生命・身体・財産等に対し重大な侵害をもたらしうる事態であって、その行政行為がおこなわれた時点においてそのような事態が存在していたならば、とうぜんその行政行為はおこなわれなかったであろうと考えられるような事態の発生があったばあいには、かりに撤回を認める明文の法律の規定がなくても、行政行為は撤回できる」といった考え方がなされている、といってよいように思います（たとえば参照、最二判昭六三年六月一七日判時一二八九号三九頁）。たとえば、かつていわゆる「スモン訴訟」で大問題になったように、厚生労働大臣（当時は厚生大臣）が製薬会社に対し新薬製造の承認（許可）を与えたのだけれど（旧）薬事法――現在では、医薬品、医療機器等の品質、有効性及び安全性の確保等に関する法律――一四条参照）、のちになって、この薬には重大な副作用がともなうことがわかった、というようなケースを考えてみてください（（旧）薬事法には、当時、厚生大臣が一度与えた新薬製造の承認を撤回してよい、という明文の規定――現在の七四条の二――はありませんでした）。

第二に、明文の根拠規定がなくても取消し・撤回はできるとして、その手続はどうでもよいのかという、「行政の事前手続」をめぐる問題（前述第五講を参照）があります。この点についてもこれまでいろいろな議論がありましたが、平成六年に施行された行政手続法では、こういった、処分の取消し・撤回などを、それ自体「不利益処分」とし（同法二条四号参照）、原則として「聴聞」の手続をとらなければならないことにしました（参照、同法一三条一項一号イ、ロ、など）。

さて第三に、法律の根拠や事前手続との関係ではまったく問題がないばあいでも、関係者の利益の保護という見地からさらに考えなければならないことがあります。たとえば、これまで判例・学説によって考えられてきた原則のひとつとして、かりに撤回ができるばあいであっても、撤回によって相手方に生ずる損失を補償しなければならない、ということがあります（後に第十六講で見る「特別偶然の損失」が生じているという考え方によるものです。参照、後出二八七頁以下)。このことは、法律上明文で書かれているばあいもあるのですが(たとえば参照、鉱業法五三条の二第一項、国有財産法二四条二項および一九条、など)、かりにそうでないばあいであっても、理論的にとうぜん考慮しなくてはいけない原則なのだ、とされているのです。ただこれはあくまでも原則ですから、個別のケースでは、この原則を前提としながらもなお、公益と私益の調整について、きめ細かな判断をしなければならないことになります(参照、最三判昭四九年二月五日民集二八巻一号一頁。たとえば、ある私人が河川敷の占用許可をもらってゴルフの練習場を経営していたが、その後総合的な土地利用計画が立てられ、公園として整備することが決まったため、この占用許可が撤回される、といったようなケースで、この者には、はたして、またどの程度の損失補償をすべきか、という問題を考えてみてください)。

4　行政行為の瑕疵――とりわけ行政行為の「無効」について

「瑕疵《かし》ある行政行為」　「違法な行政行為」とか「不当な行政行為」という言葉は、これまでにももう何度も出てきました。ところで、行政法学では、このように、「違法」または「不当」な行政行為のことを、ひっくるめて「瑕疵ある行政行為」ともよんでいます。「瑕疵」という言葉の「瑕」の字もまた「疵」の字も、ともに「きず」という意味です。つまり、ほんらいあるべき姿にてらしてみて、完全ではなく、どこかに「きず」を持った行政行為という意味で、こういう言葉が使われているわけです。

ところで、人間の身体についてみても、どこかに傷があるとき、その結果どうなるか、という問題がありますね。つまり、傷によっては、そのままほうっておいても治ってしまうものもあるし、また、一見たいしたことはないのだけれども、ほうっておくといずれ全身の健康に影響をおよぼすようになるから、早めに手術をして治してしまわなければならないようなものもあるでしょう。またばあいによっては、重傷のあまり、即死してしまうようなケースもあるかもしれません。じつは、行政行為の「瑕疵」についても、まったくおなじことがいえるわけで、ある行政行為に瑕疵（つまり違法性または不当性）があるとき、それがその行政行為の全体としての効果にどんな影響をおよぼすか、ということをめぐって、いろいろな問題があるのです。

（図）

- 瑕疵ある行政行為
  - 不当な行政行為
    - 瑕疵が治癒される行政行為
    - 取り消しうべき行政行為
  - 違法な行政行為
    - 瑕疵が治癒される行政行為
    - 取り消しうべき行政行為
    - 無効の行政行為

「瑕疵ある行政行為」は、瑕疵の結果その法的効果がどうなるか、のちがいにより、これまで、理論的に前頁に図示したようないくつかの種類に分けられてきました。

ここに出てきた言葉のうち、「不当な行政行為」それから「取り消しうべき行政行為」の意味については、それぞれ、これまで「自由裁量」および「取消し」の問題について説明してきた（前出第四講2および本講3）ところから、おわかりになるだろうと思います。そこでここでは、特にそれ以外の言葉についてだけ説明することにします。

瑕疵が治癒《ちゆ》される行政行為（「瑕疵の治癒」）

これは違法性・不当性が実質上それほど大きくない、と思われるばあいに、関係者の利益そのほかいろいろな事情を考え合わせて、例外的に、行政行為をそのまま有効であるとするケースのことです（つまり、ほうっておいても自然に治ってしまう傷、と考えてください）。たとえば事情の変更などによってはじめは欠けていた要件が実質的にみたされる結果となったとか、あるいは瑕疵がたいしたものとは考えられなくなった、といったばあいなどに、認められることがあります（参照、最二判昭三六年七月一四日民集一五巻七号一八一四頁、最三判昭四七年一二月五日民集二六巻一〇号一七九五頁）。

無効の行政行為

瑕疵ある行政行為は、原則としては取り消しうべき行政行為となり、先に見た「公定力」を有するものとされるわけです（前述一一七頁以下を参照）。しかしそれにもかかわらず、じっさいには、瑕疵があまりにもひどくて、ほんらいの手続で取り消されるまでは有効であるとしてこれにしたがわなければならないとするのがあまりにも不合理だと思われるようなケースが出てこないともかぎりません（たとえば、身寄りもないお年寄りがたった一人で生活保護を受けて長年暮らしてきたのに、ある日とつぜん、なにかのまちがいで、年間一千万円の収入があったとして所得税がかけられてきた、というような例を考えてみてください）。そこで、学説や判例は、古くから、こういったばあいにつき、ほんらいの「取消し」を待つまでもなくはじめからおよそ有効な行政行為とは認められない行為、という意味で、「無効の行政行為」という観念（つまり、いわば、傷があまりにもひどくて即死状態にあるケース）を、理論的に考え出してきたのでした（なお、そのほかに、そもそもはじめから行政行為として存在してすらいなかった、という意味で、「行政行為の不存在」ということがいわれることもあります。いわば、行政行為のユウレイのようなものです）。この「無効の行政行為」ないし「行政行為の無効（または不存在）」という観念は、はじめはこのように、もっぱら学説・判例によって考え出されてきたのですが、現在では、昭和三七年に制定された行政事件訴訟法によって、現実の法律の上でも採用されるところとなっています（参照、同法三条四項、三六条、など）。

従来の行政法理論によると、無効の行政行為には公定力・不可争力・自力執行力など、先に見てきたような「効力」はいっさい存在せず、「取消し」をしないでも、はじめから有効な行政行為としてのいっさいの法的な効果が存在しない、ということになります。ですからたとえば、

（先に「公定力」との関係で取り上げた例――前述一一七～一一九頁――で見れば）行政行為の相手方である私人としては、前もって取消訴訟を提起する必要はなく、直接に民事訴訟を起こせばよいわけで、その民事訴訟の中で、行政行為が無効であることを主張すればすむわけです。そして裁判官としても、その行政行為が無効だということになれば、それがまだ取り消されていないとしても、この行為に拘束されることはいっさいないわけです。それからまた、現在の行政事件訴訟法では、無効（または不存在）の行政行為に対して特に「無効等確認訴訟」という抗告訴訟を起こすことを認めているのですが（法三条四項）、この訴訟には、取消訴訟を起こすばあいについて定められている出訴期間だとか不服申立前置などのいろいろな制約（後述第十一講～第十三講）はいっさい適用されません。また、学説の多くは（先にすでに見た）事情判決の制度も、無効等確認訴訟には適用されない、と考えています。

「取り消しうべき行政行為」と「無効の行政行為」の判別基準

このように、瑕疵ある行政行為が「取り消しうべき行政行為」となるのかそれとも「無効の行政行為」となるのかということは、とりわけ行政行為をめぐる私人の権利救済のあり方との関係で、重大なちがいをもたらすことになるわけですから、それではいったいどのような基準によってこれを判別するのかということが、たいへん重要な問題となってきます。

わが国の判例そして有力な学説は、従来、この基準を「瑕疵の重大明白性」というところにおいて、「瑕疵ある行政行為は、原則として取り消しうべき行政行為にとどまるが、その瑕疵が重大明白であるばあいには、行政行為は無効となる」という公式を立ててきました（たとえば参照、最大判昭三一年七月一八日民集一〇巻七号八九〇頁、最三判昭三六年三月七日民集一五巻三号三八一頁、など）。この考え方によるとつまり、ある行政行為がその違法性を理由として無効となるためには、ただ重大な違法性があるというだけでは足りないので、さらにその違法性が明白でなければならない、ということになるわけです。これは「行政行為が無効である、ということは、正規の取消手続を経るまでもなく、いつでもだれでも行政行為の瑕疵を主張してその効果を否定することができるような行為であるということなのだから、そのようなことが認められるのは、とうぜん瑕疵の存在がだれの眼にも明らかなばあいでなければならない」という考え方に基づいているわけです（参照、最一判昭三七年七月五日民集一六巻七号一四三七頁）。

これはたしかに、はなはだ常識的な考え方であるようにも見えますが、ただ、この「瑕疵の明白性」ということについては、いろいろと問題がないわけではありません。たとえば、この考え方がいうように、「だれの眼から見ても瑕疵が明らかである」ならば、そもそも行政行為の効果をめぐって紛争が生ずるということ自体なくなるはずではないでしょうか？　じっさいには、まさにそれが明白でないからこそ紛争が起こり訴訟になるわけですから、現に訴訟沙汰になっているばあいに、「瑕疵が明白かどうか」ということは、取り消しうべき行政行為か無効な行政行為かということを判断するための有効な基準とはなりえないのではないでしょうか?

　こうしてこんにちでは、右に見たいわゆる「重大明白説」に対しては、学説の中からは、かなり疑問が述べられるようになっています。そして、それに代わる考え方として有力になっているのは、いわば「具体的価値衡量説」とでも名づけられる考え方であろうと思います。この考え方は、瑕疵ある行政行為が取り消しうべき行為にとどまるかそれとも無効の行政行為となるかという問題については、瑕疵が重大であるか明白であるか、というような抽象的・一般的な基準によって決めようということ自体が、そもそも適当ではないのであって、それぞれのケースごとに、さまざまな利益を比較しその重要さをお互いに比べた上で（いわゆる「比較衡量」）、個別的具体的に決めるべきである、という考え方だ、といってよいでしょう。つまりこの考え方のもとでは、もっぱらそのケースの具体的な事情に即して考えてみて、一方でその行政行為を「無効」とすることによって行政行為の相手方たる私人がうる利益と行政側が受ける不利益、他方で「有効」とすることによって私人がこうむる不利益と行政側がうる利益、とをそれぞれ比較衡量し、このばあいにはなにをおいても私人の利益を保護すべきである、という結論になったばあいには、これを無効とし、逆に私人には多少の犠牲を強いても、行政行為としての効力を維持し行政上の要請をみたす方により差し迫った必要がある、と考えられるばあいには、これを取り消しうべき行政行為にとどまるものとすべきである、ということになるわけです。

なお、最高裁判例はこんにちでも、少なくとも表向きには「重大明白説」を維持し続けています。ただじっさいには、瑕疵が重大明白であるかどうかということにはいっさい触れず、はっきりと利益衡量の観点から行政行為の無効を認めるような考え方を示している例もないではないうえ（参照、最一判昭四八年四月二六日民集二七巻三号六二九頁）、最近では、この両方の基準から行政処分が無効であるかどうかを検討している例などもあります（最三判平一六年七月一三日判時一八七四号五八頁）。白状するとじつは、この最後の判決には私自身も裁判官として加わっているので、ちょっと言いにくいところがあるのですが、結局のところ、最高裁は必ずしも学説のいずれが正しいかに結着をつけることをその任務としているわけではなくて、「その事件における最も適正な紛争解決」をすることを主たる目的としているので、どっちから行っても同じ結論に到達するならば、あえて黒白を決するまでもない、ということなのだ、と言ってよいでしょう（このあたりについてくわしくは私の『最高裁回想録』〔有斐閣、二〇一二年〕を参照してください）。

第八講　行政立法

1　行政立法と「法律による行政の原理」

「命令」の観念

「法」をつくるのは「立法機関」つまり「国会」だ、というのが皆さんの常識でしょう。それは原則としてまったくそのとおりですし、そもそも「法律による行政の原理」自体、そういうところから出発しているわけです。ただ、ほんとうをいうと、「法」は国会によってだけつくられているわけではなく、裁判所によってもつくられますし（たとえば「最高裁判所規則」）、またこれから見るように、行政機関がこれをつくることもあるのです。行政機関がおこなう立法のことは一般に「命令」とよばれていて、日本国憲法もまた、そういうものが存在することを認めています（参照、憲法八一条、九八条、など）。これはつまり、そのかぎりで「法律による行政の原理」の「例外」のひとつ（前出第四講参照）が認められているということにもなるわけです。

なお、ここでいう「命令」は、ふだんわれわれが「他人に命令する」といったような意味でいう「命令」の観念（行政法学でも、たとえば先に行政行為の種別のところで出てきた「命令的行為」という観念のばあい——前述一〇〇頁——には、「命令」の言葉がこの意味で使われているわけです）とは、まったくちがう観念なのだ、ということに注意してください。つまり、まったくおなじ言葉でもって、ばあいによりまったくちがうふたつのことがあらわされているわけで、なんともまぎらわしいのですが、まあ昔からそうなのでごかんべん願います。

2　行政立法の種類

形式からする区別

こういった意味での「命令」については、わが国の現在の法制度では、これを制定する権限を持つ機関がなんであるかのちがいによって、内閣が定める「政令」（憲法七三条六号）、内閣府の長としての内閣総理大臣が定める「内閣府令」（内閣府設置法七条三項）、各省の大臣が定める「省令」（国家行政組織法一二条一項）、各委員会ならびに各庁長官が定める規則（同法一三条一項。これをふつう「外局規則」といいます）など〳〵が区別されています。また、外局規則と似ていますがそれとはちょっとちがい、国家行政組織法が適用されない会計検査院および人事院（これらをふつう「独立行政機関」とよんでいます）の定める規則として、べつに、「会計検査院規則」および「人事院規則」があります。

そのほか、各大臣、各委員会および各庁長官がその機関の所掌事務について公示するためにもちいる「告示」とか、またこういった機関がその機関の所掌事務について命令（このばあいには「下命」の意味）または示達するために、所管の諸機関および職員に対して発する「訓令・通達」という形式が、国家行政組織法によって定められています（同法一四条一項・二項）。

地方公共団体については、地方自治法一五条一項によって、普通地方公共団体の長に、「規則」という形式の行政立法をおこなう権限が認められています。

ただ、こういった区別については、それぞれそれを制定する機関がどういった性質を持っているか、という行政組織法上の問題についてくわしく知らないと、その意味がよくわからないわけで、まあここでは、「ザッとそんなようなことなんだ」、と流しておいていただいて結構でしょう。

内容からする区別 ——「法規命令」と「行政規則」の区別

ここでもっとだいじなのは、行政立法についての、こういった区別よりはむしろ、これとはちょっとちがった見地からの区別なのです。かりに、右に見た区別を「形式的な区別」とよぶとすれば、もうひとつの方は「内容的な（または実質的な）区別」ということができるかもしれません。従来、行政法学では、ある行政立法が私人の権利・義務に対してどのような法的効果を持つかという見地から、「法規命令」と「行政規則（行政命令）」との二種類のものを、理論的に区別してきました。このばあい、「法規命令」というのは、私人の権利・義務に直接に変動をもたらす効果を持った行政立法のことで、これに対して「行政規則」というのは、それ以外の行政立法のことであるとされています。たとえば、ある国税の納税義務がいつ成立するかについて定める政令の規定（国税通則法一五条二項参照）は、国に対する納税者の義務の発生時期について直接に定めるものですから、とうぜんに「法規命令」だということになりますが、これに対して、おなじ政令であっても、たとえば、「庁」「官房」「局」「部」などの下にどんな「課」または「室」をおいて、どんな仕事をさせるか（所掌事務）ということについて定める政令（国家行政組織法七条五項参照）の規定などは、もっぱら国の行政組織の中での役割分担を内部的に決めるだけで、直接に私人に対して権利を与えたり義務を課したりするようなものではありませんから、「行政規則」だ、ということになるわけです。

このように、この区別は、いわば立法の内容についての区別なのであって、先の「だれが定めるか」ということからくる法形式の上での区別とは、ほんらい理論的に無関係なはずなのですが、それでもたとえば、先の「形式的な区別」のうち、「訓令・通達」については、そもそもそれは、（いかなるばあいでも）行政の内部関係においてのみ拘束力を持つものでしかなく、「行政の外部関係」において「私人」の法的利益に直接の影響をおよぼすものではない、ということから、それ自体とうぜんに「行政規則」である、とされている、というようなことがあります（一四六頁以下を参照してください）。この点、じつは、そもそも行政法学者による理論的な整理がまだ足りないように思うのですが、それはここではおいておくことにしましょう。

なお、法規命令については、さらに、実体的に新たな権利や義務を定める「委任命令」と、法令によって定められた権利・義務などを具体化するにあたっての手続や形式を詳細化する（たとえば届出書や申請書の記載事項を詳細に定める）「執行命令」とが区別されることがありますが、この点の詳細についてもここでは省略することにします。

3　法規命令の法的性質

法的効果　法規命令は、私人に直接権利を与えたり義務を課したりするものですが、（法規範である以上）その定め方は不特定多数のひとびとを対象とした一般的・抽象的なものであって、特定の私人を対象とした個別的・具体的なものではありませんから、「行政行為」には含まれないことになります（先に「行政行為」の観念について説明したところ――九八～九九頁――を参照してください）。また、行政行為が持っているさまざまな特別の効力（とりわけ公定力）は、法規命令には存在しないので、たとえば民事訴訟の先決問題として法規命令の効果が問題になったようなばあいにも、この民事訴訟の裁判所は、（法規命令の取消しがなされていなくても）自分自身の判断でその違法性を認定して、これを効果のないものとしてあつかうことができることになります（行政行為の「公定力」について説明したところ――前出一一七頁以下――とくらべてみてください）。したがってまた、とうぜん、取消訴訟を中心とする抗告訴訟の対象ともならないわけです。ただ、のちにも見るように（第十講1）、現在の法律のもとでは、法規命令であっても、これを「代執行」の方法によって自力執行する可能性が認められているので（行政代執行法二条）、そのかぎりで自力執行力は存在する、ということになります。

法律の根拠の必要等　法規命令は行政行為ではありませんから、先に見た「法律の留保の原則」はそのままには適用されないのですが、しかし、従来の学説によると、いわゆる「法律の専権的法規創造力の原則」によって、やはり法律による授権（根拠）がなければならない、ということになります（前述五一～五二頁参照）。この点で、いわゆる「法規」としての性質を持たない（つまり私人の権利・義務に直接の影響をおよぼさない）「行政規則」のばあいとは、おおいにちがうことになります。

なお、平成一七年の行政手続法改正によって、命令を定める場合に、原則として「意見公募手続」を行わなければならないこととされたことについては、もう先に触れましたが（前出八二頁）、同時に、命令等（その意味については、同法二条八号を参照）を定めるについての一般原則につき、新たに規定が置かれるところとなりました（同法三八条）。ただ、この規定は、法律による行政の原理の下にある命令について要求されるごく当たり前のことがらを定めたにすぎない、いわゆる訓示規定としての性質を持つにとどまるように思います。

ちなみに、同法二条八号イでいっている「命令」とは、政令・内閣府令・省令のほか、外局規則、人事院規則等々の「規則」も含むとされています。これに対して、同号イで「又は規則」という場合の「規則」は、地方公共団体の長が定める規則のことです。全くややこしい話ですね。

4　行政規則の法的性質

従来の考え方

先に見たように、古くから行政規則は、「私人」の権利・義務に対して直接の影響をおよぼさないという点で、法規命令とは性質がちがうと考えられてきました。たとえば訓令や通達は、もっぱら行政内部の機関・職員などを相手として出されるものですが、これらの者はいずれも、いわば行政主体の内部的な構成要素であるにすぎず、したがって「私人」ではない、ということになりますから（前出九～一〇頁、三〇頁以下を参照してください）、これらの者に対してなにかを命じたりする訓令や通達も「行政規則」であって「法規命令」ではない、ということになるわけです。その結果、具体的には次のようなことになります。

たとえば、所得税について国税庁長官が出す基本通達は、所得税法の定めているさまざまの規定の意味について、国税庁や国税局そして税務署などで全国一律にとるべき解釈、つまり税務行政組織の内部での公定解釈を示しています。いうまでもなくこれは、日本国中多くの税務署での法律解釈（ひいては税金の取り方）がバラバラになったのではいけないということからそうなっているわけですね。そこで、こういった通達が出れば、税務署ではとうぜんそれにしたがって課税処分をするわけで、その意味で、通達でどのようなことが定められているか、ということは、少なくとも結果的に、納税者の権利・義務のあり方に大きな影響を持つことになるわけです。ではたとえば、かりに、通達によれば課税できないことになっている収入に対して課税処分がおこなわれるようなことがあったとして、このばあい納税者は、通達違反を理由にこの課税処分は違法であると主張し、その取消しを求めることができるでしょうか？　また逆に、通達どおりに課税したところ、私人からこの課税処分は違法であるとして取消訴訟が起こされたようなばあいに、税務署の側が「通達どおりにやったのだから違法ではない」という反論（抗弁）をすることができるでしょうか？

結論をいえば、これはどちらもだめだ、ということになります。なぜかというと、先に見たような「行政規則」についての考え方によるかぎり、通達は、もっぱら行政機関を内部的に拘束するだけで、私人に対しては法的効力を持たない（つまり私人の権利・義務とは法的に無関係である）からです。これらのばあい、課税処分が適法であるかどうかということは、ひとえに、その課税処分がおおもとの法律（所得税法）自体に違反していないかどうか、ということにかかるので、通達との関係がどうであるか、といったことは、それとは関係ない問題であるわけです。これに対して、もしおなじことが通達ではなくて「法規命令」である所得税法施行令（政令）で定められていたのだとしたら、とうぜん、先に見たような主張や抗弁はできることになるわけで、この点「法規命令」と「行政規則」とでは大きなちがいがあるのです。

ただ、ここで注意してほしいのですが、右のはじめの例のように、通達を受けた職員が、通達によって定められたところに違反して行政行為をおこなったようなばあい、そのことが理由でこの行政行為が違法だということにはならない、というのは右に見たとおりなのですけれども、ただ、公務員法との関係で、この職員には職務上の義務違反があったのではないか、が問題になるばあいには、話がべつだ、ということです。職務上の義務違反があったかどうかということについて、通達に違反したということ自体が直接に響いてくることは、いうまでもありません。なぜならば、行政規則である通達は、行政組織の内部では、完全に法的な拘束力を持つからで、公務員はこれにしたがう職務上の義務を負わされているからです（たとえば参照、国家公務員法九八条一項、地方公務員法三二条）。

また、このように、訓令や通達などの行政規則がもっぱら「行政の内部関係」の中でのみ法的拘束力を持つにとどまるものであって、「外部関係」にある私人の権利・義務に直接影響をおよぼすものでない以上、行政規則には（法規命令のばあいとちがい）法律の根拠は必要でないと考えられています。

近時の動向

ただ最近では、「行政規則」に関するこういった考え方を、どんなばあいにもつらぬかなければいけないのか、ばあいによってはもう少しちがった考え方をしてもよいのではないか、ということが、おおいに問題にされるようになっています。それはいうまでもなく、先にも見たように、訓令・通達などの行政規則は、理論的には私人の権利・義務に影響をおよぼさない、といっても、少なくとも事実上は、大きな影響力を持つものであることを否定できないからです。たとえばすでに昭和三三年に、最高裁が「パチンコ球遊器課税事件判決」という有名な判決を出していますが（最二判昭三三年三月二八日民集一二巻四号六二四頁）、この事件は、パチンコ球遊器（パチンコ台）が世に登場して、はじめのうちは（当時あった）物品税の課税対象とされていなかったところ、新たな通達に基づいて今後新たに課税されることになった、というケースで、これは法律に基づく課税とはいえず、違法ではないか、ということが争われたのでした。このばあい、従来の考え方をつらぬくならば、通達というのは単に法律（物品税法）の規定についての行政部内での公定解釈を示したものにすぎないわけですから、もしもとの法解釈（以前の通達）がまちがっていたのだとすれば、解釈を正しくあらためる（新通達）のはあたりまえのことで、違法でもなんでもなく、むしろ行政庁としてはそうしなければならないことになるはずです。問題は、ここでも、もっぱら物品税法それ自体の解釈として、いったいパチンコ球遊器はほんらい物品税をかけるべき物品なのかどうか、ということにかかることになるわけです。この判決で、最高裁は、まさにこういう考え方をして、パチンコ台の製造業者の訴えをしりぞけたのでした。そして、理論的にいえば、この考え方自体はまちがってはいない、といわなければなりません。ただ、もし、たとえば従来長年にわたって課税対象とされていなくて、したがって、私人の方でもこれは法律上そもそも課税対象ではないのだと信じて経済活動をしていたところ、ある日とつぜんに行政庁の方の解釈が変わって、「前の解釈がまちがっていたのだから、さかのぼって全部税金を払え」などという話になったというようなケースだったとしたならば、こんなばあいにも私人はりくつどおりそれに全面的に応じなければいけない、ということになるのでしょうか？

じつはこういった問題については、すでに先に、「法律による行政の原理」の「限界」の問題として、第四講で取り上げました（参照、前述七一〜七三頁。なお、この問題はまた、次講で「行政指導」について説明する際にも出てきます。参照、後述一六六〜一六七頁）。そこでも触れておいたように、おそらく今後とも、訓令・通達などが（従来いってきたような意味での）「行政規則」としての性質を持つということ自体は、理論的に変わることはないにしても、個別的な事情によって、行政庁による法律の公定解釈（通達）がとつぜん変更されたことによって法的信頼をいちじるしく侵害された私人に対しては、たとえば「信義誠実則」などの考え方によりつつ、これを個別的に救済していく、といった方策が考えられなければならないだろうと思います。こういった例として、たとえば、いわゆるストックオプション（自社株購入）に対する課税をめぐる近年の最高裁判例（最三判平一七年一月二五日民集五九巻一号六四頁、同平一八年一〇月二四日民集六〇巻八号三一二八頁）が注目されます。

またたとえば、行政手続法は、前にも触れたように（前出八四頁）、行政庁が、処分をするかどうかを法令の定めにしたがって判断するために必要とされる基準（「審査基準」ないし「処分基準」）を定めるべきものとし（参照、同法五条一項、一二条一項）、しかもその内容は、できるかぎり具体的なものとしなければならない、としています（五条二項、一二条二項。しかも、平成一七年の法改正では、これらの基準の策定に当たっては、法律に基づく命令の場合と同じように、意見公募手続を行わなければならないこととされました）。こういった基準が定められているばあいに、かりにそれが訓令・通達などここでいう「行政規則」としての性質を持つものでしかなかったとしても、その基準に反した処分がなされたようなばあいには、たとえば「平等原則」違反による「裁量権の逸脱（踰越）」があったとして（前述六一頁、六三頁を参照してください）、処分の違法を主張し、取消しを求めてゆく道なども開かれるのではないでしょうか。

第九講　行政の非権力的活動形式

1　契　約

行政主体と私人の合意とその法的性質

さて、これまで見てきたのは、行政行為や行政立法など、行政主体がことを運ぼうとするときに、前もって当人の承諾をえることなく、一方的に相手方である私人に対して義務を課したり権利を与えたりするやり方（つまり、いわゆる「権力的な」方法）でこれをおこなうケースでした。そうして、このようなことができることこそが、まさにふつうの私人とちがった行政主体の特徴であり、また、行政法という特別の法分野が民法などのほかにあるとされる、もっとも大きな理由となってきたのでした。しかし他方、（先に一七頁以下でも触れたように）行政活動はいつでも必ずこういった方法でおこなわれている、ということではまったくないので、むしろじっさいには、民法の世界とおなじように、行政主体と私人との間になんらかのかたちでの合意ができて、これによっておこなわれる、というばあいの方がずっと多いとすらいえるのです。そこで、こういったばあい、この行政主体と私人との間の合意は、（行政行為でも行政立法でもないわけですから）いったい理論的にはなんであり、どんな法的性質があるのか、という問題が出てきます。これはいったい、私人と私人の間にむすばれる「契約」とおなじものなのでしょうか、それともなにかそれとはちがった、行政法の世界での特別なものなのでしょうか？

この問題については、じつは、国によりまた時代により、さらにはそれぞれのケースによって、さまざまにちがった答が与えられてきました。たとえば、古くから行政法特有の法制度・法理論が確立してきたフランスでは、伝統的に、こういった合意につき、判例・学説によって、「行政契約」という観念がつくりあげられて、私人どうしの間での契約とはちがった特別の（行政法の）法理論が展開されてきていますが、これに対してわが国のばあいには、事情がこれとは大きくちがっているのです。

私法上の契約

わが国のばあい、こういった合意の中の多くのものは、むしろ通常の民法や商法によった契約（いわゆる私法上の契約）であるとされています。たとえば、道路の建設のために国や地方公共団体が土木建設業者とむすぶ契約（公共土木事業の請負契約）、国や地方公共団体が事務用品を業者から買い入れる契約（物品の納入契約）、国営または公営の施設にお金を払って入るばあい、また、公営のバスを利用するばあい（公の財産・施設・企業などの利用契約）、などがそれです。これらの契約はどれも、行政主体が基本的にふつうの私人と対等の立場に立ってむすばれるものだと考えられているわけで、一般的にいえば、法律の規定に違反しないかぎり、（徹底した「全部留保説」――前述五〇～五一頁――に立つならばともかく、そうでない以上は）行政主体は自由にこのような契約をむすぶことができるし、また、契約の効果などについても、原則的に、民法や商法などいわゆる私法の適用がなされることになるわけです。

ただ、これらの契約については、当事者の一方は純粋な私人でなく（公益を代表する）行政主体であるわけですから、じっさいには、法律によって、民法などの規定に対するさまざまな例外が定めてあります。それはつまり、純粋な私人であるならば、たとえば自分にとっては不利益な結果になるようなことであっても、（当の本人がそれでよいとしているかぎり）自由に約束（契約）してしまってもかまわないわけですが、行政主体のばあいには、国民全体の利益を代表しているわけですから、かってにそんなことをされてしまっては困るからです。たとえば契約の締結に関しても、財政に対する民主主義的なコントロールという意味から議会の議決が必要であるとされているばあいがしばしばありますし（参照、憲法八五条、地方自治法九六条一項五号）、そのほかにも、私人の利益を保護するために、申し込みがあれば行政主体は契約をむすばなければならないとされるもの（いわゆる「契約自由の原則」の例外。たとえば水道法一五条一項など）、契約をするにあたって不公正なことがなされ公金が不当に消費されるのを防ごうとするもの（会計法二九条以下、地方自治法二三四条）などがあります。また、契約の終了について、公益の実現と私益との調整をはかるために、行政主体に一方的な解除権を与えておいて、他方で、解除によって生じた損失を補償しなければならないこととしている例（国有財産法二四条、地方自治法二三八条の五第四項・五項）があります。そしてわが国のばあいには、これらの契約に関しては、こういった法令上の特別の規定だけが行政法の一部を構成するのだというふうに考えられているわけです。

私人の同意を前提とする行政行為

また、行政主体と私人の間での合意の中でも、ある種のものは、契約ではなく、むしろ、「私人の同意を前提とする行政行為」である、として考えられています。たとえば私人の申請に基づいておこなわれる許可・特許など（いわゆる「許認可」）、また公務員としての任命などがその典型例ですが、ただこの後者などのばあいには、学説の中には、これを一種の契約として理論構成してゆこうとする動きが、ないではありません。

紳士協定

行政主体と私人との間におこなわれた合意であっても、それが法的な拘束力や強制力を持たないばあいには、これは「契約」ではなくて、法的には効力のない「紳士協定」だということになります。いわゆる要綱だとか行政指導だとかに基づいておこなわれる合意（たとえば、地方公共団体と企業との間にむすばれる公害防止協定、地方公共団体の宅地開発等指導要綱にしたがって地方公共団体と開発業者との間におこなわれる協定など）には、こういったケースがしばしばあります。

公法契約（狭義の行政契約）

なお、以上で見たケースのほかに「公法契約」という特別の法的性質を持った契約があるかどうか、という問題があって、ドイツやフランスなど、行政裁判制度を持ち、「公法」と「私法」の区別を明確にしている国では、このような契約についての制度や理論が発達しています。わが国のばあいにも、たとえばのちに見る行政事件訴訟法四条の規定などは、このようなものがあるということを前提として定められたのだと考えられますが、ただ、前に第二講で見たように（一九頁以下を参照）、わが国のばあいには、右にあげた国々とはちがって、こんにち、公法と私法の区別ということはあまり重要視されず、かりにある契約の性質が公法契約であるといってみても、そのことによって通常の民法・商法上の契約とどんなちががいが出てくるのかということは、必ずしもはっきりしないのです。したがって、こんにちこの問題にとらわれる必要はあまりないといってよいだろうと思います。

契約をめぐる法的な問題

行政主体が私人の合意をえて契約によって行政活動をおこなうということは、私人の意思を尊重して行動するということですし、また、私人の側の個別的な特殊事情を考慮しながら行動することができるという点で、法律に基づき行政行為によって一方的に私人の権利・義務を規制するという方法にくらべて、より柔軟な方法である、という長所を持つことになります。しかし、そのことは同時に他方で、私人との合意があったことを理由に行政主体が好きかってなことをなしうる、ということにもつながりうるわけです。先に見たように、現行法上、行政主体がむすぶ契約についてさまざまの制限が付けられているのは、まさに、こういった危険を防ぐためなのです。では、この問題は、法解釈論としては、どんなかたちで現われることになるでしょうか。

まず、契約も、私人を直接に相手とした行政活動である以上、「法律による行政の原理」、とりわけ「法律の優位の原則」の適用を全面的に受けることになります（前出四四頁参照）。したがってたとえば、国や地方公共団体が、法律で一律に決まっている税金を納税義務者との合意によってかってにまけてやるといったように、法律の定めに反するような結果を契約によってもたらすことは、とうぜん許されません。では、たとえば、法律が行政庁に、一方的に命令したり強制したりすること（つまり「公権力の行使」）を許しているとき、あえてそういったハードな手段によらないで、相手方との契約によって、おなじような結果をもたらそうとすることは許されるのでしょうか？　これはじつは、たいへんむずかしい問題なのですが、結局は、公権力行使を認めている法律の規定が、おなじ目的を達成するためにはおよそそういった方法以外によることは許さないとしているのか、それとも、「やりたければ公権力の行使をしてもよい」という程度のことを定めているにすぎないのか、の解釈にかかることになるわけです。たとえば、土地収用法が土地収用という方法を認めているのは、必ずしも、法律が行政庁に、公共用地の取得は必ず土地収用というハードな手段によらなければならない、ということまでいっているわけではない（だから、いわゆる「任意買収」の方法によることもできる)、といえるでしょう。他方これに対して、たとえば法律が、公益実現確保のために行政庁に自力執行権を認めているのに(前出第七講2、および次講参照)、強制執行はどんなことがあっても絶対にしない、といったことを定める契約がむすばれたとしたら、これは相当問題です。また、行政行為(処分)をおこなうに際して事前の行政手続をふむことが法律上義務づけられているのに(前出第五講2参照)、もっぱらこれをおこなわないですませるために、(そのような行政手続を義務づけられてはいない)契約のかたちでことを処理するといったようなことは、法律の要求するところに反するもの(一種の脱法行為)として違法だということになるでしょう。

2　行政指導

「行政指導」の観念

行政機関が私人に対して、行政行為や契約によってことを運ぼうとすると、これまで見てきたように、「法律による行政の原理」などからするさまざまの制限を受けることになります。そこで、じっさいの行政活動においては、行政を円滑におこなうために、こういったような制限を受けない方法を利用することが、いろいろとくふうされてきました。先に見た紳士協定もそのひとつですが、このように、私人との「協定」というようなはっきりしたかたちをとらないまでも、行政側が私人に対して、なんらかのかたちで「こうしてほしい」ということを述べて、私人の方では、（これに必ずしたがわなければならないという法的な義務はないにもかかわらず）これを尊重し、じっさい上、行政機関が希望するとおりにする、というケースが非常にたくさんあるのです。

たとえば、こんな例を考えてみてください。現行の建築基準法によると、建築基準法や都市計画法に違反したいわゆる違法建築物があれば、行政庁は、その持ち主に対して、これを改善したり取り壊したりすることを、（行政行為によって）命じることができるし、また、最終的には、強制執行をしてでもそういった目的を達成することができるようになっています（建築基準法九条参照）。しかし、ふつうのばあい、違法建築物があったからといって、いきなりこういったハードな方法でゴリゴリやるということはないので、行政庁はまず、持ち主に会って、「この建物は違法だから、改善してくれませんか？」というかたちで、ソフトによびかけるところからはじめるわけです。この段階では、所有者はまだ、行政行為（処分）というかたちで、改善や取り壊しを命じられているわけではありませんから、いやだと思えばそのままほうっておいてもかまわないわけですが、ただ、そうすると、いずれ正規の「除却（改善）命令ー強制執行」ということになることは覚悟しなければなりませんから、（よっぽど気の強い者でないかぎりは）そうなる前に、いうことをきいてしまおう、ということになるわけです。これが一般に「行政指導」とよばれてきたものです。

行政指導は、そのおこなわれるかたちや内容などの点では、じつにさまざまなものがあります。たとえばその法的な根拠についてみても、正式な法律の定めるところに基づいておこなわれるものもあれば（たとえば国土利用計画法二四条、三〇条、三一条、などを参照）、ただ行政内部での一般的な基準（行政規則）に基づいておこなわれるもの（たとえば地方公共団体の宅地開発等指導要綱に基づいておこなわれるもの）、また、およそそういったような具体的な根拠を持たずに事実上おこなわれるものなど、さまざまです。また、その内容についても、相手方にとって利益になるもの（これをふつう「助成的行政指導」とよびます）、逆に、相手方にとって不利益になるもの（これをふつう「規制的行政指導」とよんでいます）など、さまざまのものがあります。しかし、いずれにしても決定的に重要なことは、これらの行政指導を受ける相手方（私人）が、かりにその指導にしたがわなかったとしても、処罰だとか強制執行など、なんらかの法的な不利益を受けることはない、ということなのです（逆に、内容的に見ると勧告的あるいは警告的なものにすぎないようなばあいであっても、相手方がこれにしたがわないでいるとなんらかの法的不利益がともなってくるようなばあいには、この行為はもはや「行政指導」ではなく、むしろ「行政行為」だということになります。たとえば税金の督促——国税通則法三七条——などはその例で、督促にしたがわないでいると、滞納処分を受けてもしかたがない、つまり——ややむずかしくいうと——滞納処分を受忍しなければならない法的義務が生じることになります。同法四〇条参照)。

行政指導をめぐる法問題

このような性質のものである以上、伝統的な行政法理論から見るかぎりでは、行政指導はほんらい法的にはなにも意味を持たない、つまり「無」ないし「ゼロ」でしかない、ということになるはずです。つまりまず、私人に対してなんら法的な拘束力を持つものではない(私人の利益に直接の影響をおよぼすものではない)とすれば、(学説上一般にとられている考え方によるかぎり)法律の根拠は必要ではないことになります(前出第三講3参照)。また、必ずしもしたがわなくてもよいので、したがわなかった(服従を拒否した)としてもなんらの法的な不利益をも受けないのだとすれば、従来の考え方では、行政指導は「公権力の行使」としては性格づけられないことになりますし、また、それは私人の権利・利益を「侵害」するものだとも考えられないことになります。だから、このようなものに対しては、あとで見る抗告訴訟(後述第十一講・第十二講)を起こして争うこともできないし、また、かりにこのような行政指導にしたがったことによって損害をこうむったとしても、国家賠償請求(国家賠償法一条参照。後述第十四講)をすることもできない、ということになるはずなのです。

理論的にいえばこれはもう自明のことであるはずなのですが、それにもかかわらず、なぜ、「行政指導の法的性質」ということが行政法学上しきりに問題とされるのかというと、それは、行政指導が、じっさいには、私人に対して非常に大きな影響力を持ち、行政側がその目的を達する上で重大な役割をはたしていること、そしてまた、私人にとって、現実には、いろいろな事情からして、行政指導に抵抗することがはなはだむずかしい、という実態があるからなのです。私人が抵抗するのをむずかしくしている原因としてはいろいろなことがあって、たとえば、先に見た違法建築のばあいのように、行政指導にしたがわないでいると、結局、命令・強制というハードな手段が発動されることになってしまう、という例もありますが、そこまでゆかなくても、（次講2の⑵に見るように）したがわないでいると、その事実および氏名を公表するとか、水道の供給のようなサービスをおこなうことを拒否する、といった間接的な強制手段がもちいられること、などがあります。また、じっさい問題として、さしあたって目に見える不利益はなくても、お役所に協力しておかないと、いつどこで、しかえしをされるかもしれない（「江戸の敵を長崎で」）、という不安は、どうしたってぬぐえないものがありますね。

こういったような事実上の強制手段は、法律上明文でもって定めてあることもありますが（たとえば国土利用計画法二六条に定める「公表」）、行政内部でのいわゆる「要綱」の中に書いてあるにとどまることもあり（たとえば、地方公共団体の定める宅地開発等指導要綱の中に定められた水道供給契約の締結の拒否）、また、単に事実上おこなわれることもあります。

行政法学からの対応　このような状況のもとで、行政指導に対して行政法理論の側からどういうふうに対応するかについては、さまざまな可能性が考えられます。たとえばまずその第一は、伝統的な理論に忠実にしたがって、いわば、行政指導は（先に見たような意味で）法的に「無」であるという考え方をつらぬくことでしょうが、逆に第二に、行政指導が現実にはたしている役割を重視して、行政指導はむしろ、私人に対して法的な拘束力を持っているのだ、としてしまい、それを前提として、行政行為などに対するのとおなじように、その法的なコントロールを考えていくべきだ、という考え方もありえないではないかもしれません。しかし、従来のわが国の判例や学説のおおかたは、こんなふうにどちらかに極端な解決をするのではなくて、基本的には伝統的な考え方の筋道を守りながら、しかし、（ちょっと気取ったいい方をさせてもらいますと）いわば行政指導が現在の法制度・法理論の上に落とす「影」をとらえ、間接的なかたちでこれを行政法的に「認知」する試みを展開してきたのだ、ということができると思います。さてこれは、具体的にはいったいどういうことでしょうか？　以下、これを、これまでの最高裁判例を手がかりとしながら説明してゆくことにしましょう。

(1)　たとえば、企業が生産調整や価格協定などをおこなうと、独占禁止法に違反することになりますが、こういったことがもし、経済産業省（従前は通産省）の行政指導にしたがっておこなわれたのだとしたらどうなるかという問題が、以前からあります。ところでこの問題について、最高裁は（傍論においてですが）「価格に関する事業者間の合意が形式的に独禁法に違反するようにみえる場合であっても、それが適法な行政指導に従い、これに協力して行われたものであるときは、その違法性が阻却されると解するのが相当である」という考え方を示しました（最二判昭五九年二月二四日刑集三八巻四号一二八七頁）。ここでは行政指導が、行政指導に従っておこなわれたのでないならば違法となるような企業の行為を違法でなくする、という法的な意味を持たされていることになるわけです。

⑵　また、有名なケースとして、いわゆる「建築確認の留保」をめぐる判例があります。マンションなどの建築をしようとするばあいには、建築基準法によって、行政庁から建築確認という行政行為を受けなければならないことになっているのは、もうご存知だと思いますが、建築確認の申請が出されると、行政庁は一定期間内にはその審査をおえて返事をしなければならないことが、法律上定められています（同法六条一項・四項）。ところが、マンションの建築に対しては、しばしば周辺に住んでいる人たちが文句をつけて、いわゆる建築紛争がおこることになるので、これを防ごうとして、行政庁が、建築確認の申請に対して（法律上はまったく適法な建築で、理論的にはほんらい建築確認をしなければならないはずなのに）なかなか返事をせず（建築確認の留保）、そのあいださまざまの行政指導をおこなう、というケースが数多くあるのです。そこでとうぜんのことながら、こういったことは違法ではないか、ということが、これまでしばしば訴訟で争われてきました。ところが裁判所の多くは、こういったばあいの建築確認の留保はとうぜんには違法とはならない、という判決をしてきましたし、最高裁もまた、これを承認したのでした（最三

判昭六〇年七月一六日民集三九巻五号九八九頁）。これらの判決はつまり、行政指導が適正なものであるばあいには、建築確認の留保も違法ではない、という考え方をしているわけで、ここでもまた、いわば行政指導が介在することが、ほんらい違法であるはずのものを適法とする、という結果となっているわけです。もっとも、このばあい裁判所は、行政指導のほんらいの理論的な性質までをも否定して、行政指導に直接になんらかの法的な拘束力を認めようとしているわけではありません。たとえばこの最高裁判決は、右のような考え方につけ加えて、はっきりと、次のようにいっています。

「もっとも、右のような確認処分の留保は、建築主の任意の協力・服従のもとに行政指導が行われていることに基づく事実上の措置にとどまるものであるから、建築主において自己の申請に対する確認処分を留保されたままでの行政指導には応じられないとの意思を明確に表明している場合には、かかる建築主の明示の意思に反してその受忍を強いることは許されない筋合のものであるといわなければならず、建築主が右のような行政指導に不協力・不服従の意思を表明している場合には、当該建築主が受ける不利益と右行政指導の目的とする公益上の必要性とを比較衡量して、右行政指導に対する建築主の不協力が社会通念上正義の観念に反するものといえるような特段の事情が存在しない限り、行政指導が行われているとの理由だけで確認処分を留保することは、違法であると解するのが相当である。」

(3)　先にも見たことなのですが（前出七一頁以下参照）、行政指導でいわれたことを信頼して私人がなんらかの行動をした（またはしなかった）ところが、あとになって行政側がはじめにした行政指導と矛盾したことをすることになり、私人の側の信頼がいちじるしく裏切られる、というケースがしばしばあります。こういったばあいに、私人の側が、行政主体側には「信義誠実則違反」だとか「禁反言の法理」に対する違反があった、と主張して訴訟を起こしたケースが、これまでにもたくさんあります。そのひとつとして、沖縄県で、ある会社が村の指導と協力のもとに製紙工場の建設計画を進めていたところ、その間村長選挙があって、選挙の結果、工場誘致に反対の立場の者が新たに村長になったことから、工場建設についての村の協力をえられなくなり、計画を断念せざるをえなくなった、という例があります。この事件で、最高裁は、このケースのような事情のもとでは、「（村の指導と協力に基づいて）その者と当該地方公共団体との間に右施策の維持を内容とする契約が締結されたものとは認められない場合であっても、右のように密接な交渉を持つに至った当事者間の関係を規律すべき信義衡平の原則に照らし、その施策の変更にあたってはかかる信頼に対して法的保護が与えられなければならないものというべきである」と判示したのでした（最三判昭五六年一月二七日民集三五巻一号三五頁。傍点は私が付けました）。ここでも、「指導」や「協力」それ自体に直接の法的拘束力がある、とされているのではなく、（いわゆる「法の一般原則」のひとつであるところの）「信義衡平」といったべつの理由から、これらの行為に（結果的に）なんらかの法的な意味が与えられていることがおわかりになると思います。

最近の最高裁判決

ところで、以上みたように、行政指導の法的な効果を間接的に認める結果となるような判例を積み重ねてきた最高裁は、平成一七年になって、ついに、行政指導である「勧告」について、正面から、行政事件訴訟法の定める取消訴訟の対象となる「処分」としての性質を認める判決をするところとなりました（最二判平一七年七月一五日民集五九巻六号一六六一頁、最三判平一七年一〇月二五日判時一九二〇号三二頁）。これは、従来の学説・判例との関係からすると、まさに画期的な判決であることになるわけですが、行政事件訴訟法との関係で、第十二講であらためて触れることとします。

行政指導と行政手続法

ところで、行政手続法（前出第五講2参照）は、行政指導について法律上はじめて一般的な定めをおいたものとして、注目されています。この法律では、「行政指導の一般原則」として、次のような基本的な考え方が述べられたうえで、その趣旨をさらに具体化し詳細化するいくつかの規定がおかれています（同法三二条〜三六条）。

「①　行政指導にあっては、行政指導に携わる者は、いやしくも当該行政機関の任務又は所掌事務の範囲を逸脱してはならないこと及び行政指導の内容があくまでも相手方の任意の協力によってのみ実現されるものであることに留意しなければならない。

②　行政指導に携わる者は、その相手方が行政指導に従わなかったことを理由として、不利益な取扱いをしてはならない。」（同法三二条）

ここでいわれていることは、いわば、行政指導のほんらいの理論的な性質をもう一度確認して、それに見合った力だけを行政指導に認めよう、ということにほかなりません。あるいはいいかえれば、行政指導を、もう一度従来の「法治主義」の枠内に押し込めよう、ということだ、といってもよいかもしれません。行政指導を野放しに認めるということは、以上見てきたように、「法的な拘束力はないのだから」という口実のもと、事実上行政主体に好きかってなことをやる余地を認めることにもなりかねませんから、こういった試みは、もちろん重要なことだといえるでしょう。ただ、私などは、行政指導が現実にこのように隆盛になってきた背景には、それが行政主体にとって有利であるからというだけではなくて、（ばあいによっては相手方である私人も含めて）関係者の間で、「ハードな手段でゴリゴリやるよりも、ソフトな行政指導の方が望ましい」とされてきた、という一面があることも見落としてはいけないように思います。こういった面を無視して、行政指導にも、（行政行為に対するのとおなじように）ただ古典的な法治主義の枠をはめようとするだけでは、結局最終的な問題の解決にはならないのではないでしょうか。

たとえば、行政手続法では、この法律が適用される「行政指導」とは、「行政機関がその任務又は所掌事務の範囲内において一定の行政目的を実現するため特定の者に一定の作為又は不作為を求める指導、勧告、助言その他の行為であって処分に該当しないものをいう」（同法二条六号。傍点は私が付けました）と定義しています。ところで、もし行政指導には右に見たような二面性があるのだとすると、こういった法律のもとでは、その拘束をまぬがれるため、たとえば行政庁が、「これは一般論だが……」とことわっておいて、「……のようなことがあればいいな、と私は思う」などとのたまい、私人の方ではそのかくれた意図を敏感に察して、自発的にその意を受けるような行動に走る、といったようなことが、（いわば従来よりももっと不明朗なかたちで）頻発するようにならないともかぎらないのではないでしょうか。

なお、今回行政不服審査法の大改正が進められる中で、行政機関による（法律上の根拠を持った）行政指導のあり方に対して、私人の側から働きかけることができるようにした正式の制度が、行政手続法の中に新たに定められることになりました。「行政指導の中止等を求める申出制度」（同法三六条の二）および「処分等を求める申出制度」（同法三六条の三）がそれです（後出二四三頁参照）。この申し出は、行政機関がその行政指導を中止したり行ったりすることを直接に義務づけるようなものではありませんが、単なる「お願い」に止まるものでもなく、申し出があると、行政庁には、必要な調査を行う義務が生じ、その結果に基づき必要があると認められる場合には、問題とされた行政指導を中止したり、あるいは行ったりしなければならないものとされています（同法三六条の二第三項、三六条の三第三項参照）。このことによって、行政指導の「法的存在」としての性格は、さらに一層強められたということができるでしょう。

第十講　行政の実効性の確保

1　行政上の強制執行

(1)　概　説

行政上の強制執行とはなにか　しっかりと約束をしたはずなのに、それが破られる。はっきりと仕事をいいつけておいたはずなのに、やっていない。こんなことは、私たちのふだんの生活の上でも、しょっちゅうあることですね。そこで、約束をする以上は、それが破られたときにどうするか、仕事をいいつけるならば、そのとおりにしなかったときにどうするか、を考えておかなければいけない、ということになります。このばあい、いちばんてっとりばやいのは、約束を破った当人（あるいは仕事をサボった当人）をとっつかまえて、無理やりはじめの約束どおりやらせてしまうことでしょう。法律学では、こういうことを指して「強制執行」とよんできました。

こういう意味で、「行政上の強制執行」とは、（前講までに見てきた）行政行為や行政立法あるいはまた契約などによって、私人に行政法上のいろいろな義務が課せられているのに、当人がこの義務をみずから進んではたそうとしないとき、行政側が実力をもって臨み、私人の身体だとか財産だとかに直接手をかけて、はじめの目的を達成しようとするしくみのことをいいます。

行政上の強制執行と法律の根拠

行政上の強制執行というのは、こういうわけで、いわゆる「公権力の行使」としての性質を持つ行政活動の、ひとつの典型的な例だということになりますから、行政庁がこんなことを、かってにやってもよいのか、という問題がとうぜん出てきます。ところでこの点、前に見た「法律による行政の原理」、なかでも「法律の留保の原則」によれば、とうぜん、行政は、法律の根拠（授権）がなければ、このような公権力行使をすることはできない、ということになるはずです（前出四四頁以下、四九頁以下を参照してください）。これはもうあたりまえのことなのですが、ではいったい、法律の根拠があるというのは、もっと正確にいうと、どんなことなのでしょうか。たとえば、強制執行のもとになる行政行為について法律の根拠があるならば、それだけでもう十分なのでしょうか？

具体的な例で考えてみましょう。たとえば、平成一九年まで「結核予防法」という法律がありましたが、この法律では、結核にかかった人がいて、周囲に伝染するおそれがあるばあいには、都道府県知事が、この患者に対して、結核療養所へ入所することを命じることができることになっていました（同法二九条）。ところでこのばあい、もし当の患者が、入所するのはいやだといって拒んだならば、都道府県知事は問答無用この者をとっつかまえて、強制的に療養所へ送り込むようなこと（こういったやり方を、ふつう「直接強制」といっています）ができるのでしょうか？

この点、昔は、わが国でも、またそのお手本となったドイツでも、できる、という考え方が優勢でした。つまりこのばあい、もとになる行政行為をすることは法律で認められているのだし、強制的に入所させてしまうというのは、その行政行為で決められたことをそのままに実現するだけのことなのだから、それを認めてもべつに問題はないのではないか、というわけです。

しかし、いまでは、これとはまったくちがった考え方がされるようになっています。こんにちではむしろ、たとえ行政行為に法律の授権があるばあいであっても、強制執行は、べつに強制執行それ自体について法律の根拠があるばあいにだけ（しかも法律が認める範囲内でのみ）許される、という考え方が一般的になっているのです。なぜかというと、行政行為によって義務が課されるということと、これを実力でもって強制されるということは、決しておなじことではないので、強制をするということはそのこと自体、私人の「自由と財産」に（単に――いわば観念的に――義務を課せられているにすぎない状態に対して）新たな侵害を加えることになる、と考えられるからなのです。この考え方のもとでは、先の結核患者の強制入所のようなことは、少なくとも前記の「結核予防法」のもとでは（入所命令にしたがわなかったときには、強制入所をさせることができる、といった法律の規定はどこにもありませんから）できないのだ、ということになります（この点、現行の「感染症の予防及び感染症の患者に対する医療に関する法律」の下では、入所命令という行政行為ではなく、入院の勧告という行政指導がおこなわれることとされており、したがわなかった場合には、入院の措置——後述一八七～一八八頁参照——がおこなわれる、というしくみになっています）。

(2)　わが国現行法上の強制執行制度

ではいったい、現在わが国の法律によって認められている強制執行手段としては、はたして、またどんなものがあるのでしょうか。

代執行

行政代執行法という法律がありますが、この法律の一条では、「行政上の義務の履行確保に関しては、別に法律で定めるものを除いては、この法律の定めるところによる」とされています。したがって、原則としては、この法律に定められているものだけが許されるのだ、ということになるわけです。ところがこの法律で定められているのは、たったひとつ、「代執行」という方法でしかありません。

代執行というのは、この法律の二条で定められているように、義務者（私人）がその義務を自発的に履行しないのならば、行政庁が代わってその行為をやってしまって（または第三者にこれをやらせてしまって）、その代わり、そのためにかかった費用を、あとで義務者から取り立てようという制度なのです。たとえば、違法建築物の取り壊しを命じたけれど自発的に壊さないので、強制的に取り壊す、土地を収用したけれどその土地を自発的に明け渡さないので、強制的に明け渡させる、といったような例がそれです。このばあいに、かかった費用の取り立て（徴収）もまた、（とうぜんのことながら）あとで見る国税の滞納処分の例によって強制的におこなわれるものとされています（同法六条）。

なお、行政代執行法二条では、代執行の方法で強制できる（行為）義務について「他人が代ってなすことのできる行為に限る」という限定がつけられています。これは、代執行が、もともとの義務者がおこなうべきことを他人が代わっておこなうというしくみを中心とするものである以上、あたりまえのことですが、その結果、じっさいには、不作為義務を命ずるばあい（たとえば、各種の営業停止命令、立入の禁止、など。立入を禁止したのに当の本人は立ち入ってしまったので、ほかの者が立ち入らないことにする、などというのでは、まったくナンセンスでしかありません）、それから作為義務の中でも他人が代わることができないもの（または、他人が代わったのではまったく無意味であるもの）を命ずるばあい（たとえば、旧「結核予防法」二九条にもとづく入所命令。入所命令を受けた結核患者がこれにしたがおうとしないので、ほかの者が代わりに入所する、ということの無意味さは、すぐおわかりでしょう）が代執行の対象からは除かれることになります。これをちょっとむずかしい言葉でいいかえると、「代替的作為義務」を命ずるばあいにだけ代執行はおこなわれうる、ということになるわけです。

行政代執行法一条でいっている「別に法律で定めるもの」の代表例は、滞納処分手続です。たとえば国税通則法四〇条は、税務署長に、国税の滞納があったばあい、督促をおこなった上で、滞納処分という手続によって、強制徴収をすることを認めています。そして、この滞納処分の要件だとか手続などについては、国税徴収法がこれをべつに定めています。

滞納処分

国税徴収法は、滞納処分の手続として、財産の差押（四七条以下）、財産の換価（八九条以下）、換価代金の配当（一二八条以下）などを順次おこなうことを定めているのですが、そのばあい、差押（四七条）、公売（九四条）などの行為は、学説・判例上、それ自体がひとつの行政行為としての性質を持つものと考えられています。これは、先に見た代執行の前置手続としておこなわれることになっている戒告（行政代執行法三条）についてもおなじです。

なお、国税通則法・国税徴収法が定めているのは、それ自体としては、もっぱら国税の滞納処分手続にすぎないわけですが、しかしこの手続は、さらにさまざまの法律によって、国が持っているいろいろな種類の金銭債権の強制徴収手段として準用されているのです（参照、健康保険法一八〇条四項など）。また、地方公共団体のばあいについては、地方税法で、国税の徴収手続にほぼのっとった滞納処分手続が採用されていて（参照、同法四八条、六六条以下、七二条の六八、ｅｔｃ）、さらに地方自治法二三一条の三第三項では、これを普通地方公共団体の各種の歳入について準用しています。

民事法上の手続による強制執行

「別に法律で定めるもの」としては、そのほか、個別的な法律で定められている例外的なケースがいくつかないではないのですが（そういった例として、先にも見た「直接強制」のほか「執行罰」とよばれている方法などもありますが、ここでは省略します）、比較的一般的なかたちで定められている強制執行手段は、以上見たふたつのほかにはありません。そこで、こういった法律によって許されているのでないかぎり、先に見たように、たとえ法律に基づいておこなわれた行政行為であっても、行政庁がこれを自力執行することは許されないことになるわけです。それでは、こういうばあいについては、行政側としては、どうすればよいのでしょうか？

学説・判例は、従来一般に、行政庁であっても、行政法上の強制執行手段がないばあいには、私人とおなじように、通常の民事執行の手続によって、裁判所の手を借りた強制執行をすることができるのだ、と考えてきました。しかし近時になって最高裁は、国または地方公共団体がもっぱら行政権の主体として（つまり公権力の行使の主体として）行政上の義務の履行を求める訴訟は、そういったことを認める特別の法律の規定がない限り許されない、という判決をして、大きな議論を招いています（最三判平一四年七月九日民集五六巻六号一一三四頁。いわゆる「宝塚市パチンコ条例事件判決」）。

いずれにせよしかし、現実には、行政庁が、（少なくとも行政行為の効果を強制するために）こういった道を選ぶことはそう多くはなく、むしろ、次に見るようなさまざまの間接的手段によって、強制執行をしたのとおなじような効果をもたらそうとするのがふつうなのです。

2　間接的強制制度

(1)　行　政　罰

行政罰と強制効果

刑法で定められている「殺人」だとか「窃盗」だとかの罪を犯すと、刑法が定めているところにしたがって罰せられる（処罰される）ことになるわけですが、私たちが罰せられるのは、なにも刑法に違反したばあいだけではありません。たとえば道路交通法上、自動車は運転免許なしに運転してはいけないことになっていますが（同法六四条）、これに違反して無免許運転をすると、三年以下の懲役または五〇万円以下の罰金に処せられることになっています（同法一一七条の二の二第一号）。このように、行政法（道路交通法は、いうまでもなく、行政法に属するものとされる法律の中の、代表例のひとつです）によって課せられた義務の違反に対して制裁としておこなわれる処罰のことを、法律学では一般に「行政罰」とよんで、刑法のばあいの「刑事罰」と区別しています。そしてそのばあい、さらに、「死刑」「懲役」「禁錮」「罰金」「拘留」「科料」のうちのどれかがおこなわれるばあい（これらはいずれも「刑法」という法律の中に名前があげられている罰である点で共通しています。同法九条参照）を「行政刑罰」とよび、これに対して「過料」を科するばあい（「過料」は「刑法」には出てきません）を「秩序罰」とよぶ、という区別をするのがふつうです。

こういった行政罰、なかでも行政刑罰は、このようにほんらい、法律違反の行為に対する制裁を目的としておこなわれる処罰なのですから、それ自体が直接に行政上の強制手段としての性質を持っているわけではありません。ただ、ある義務に違反すれば処罰されるということが前もってわかっていれば、それを恐れて義務を履行する、という心理的な効果はとうぜん期待できるわけで、行政罰が持っているこういった威嚇的効果を見れば、行政罰も、行政法上の義務の（少なくとも）間接的な強制手段の一種だとして考えることもできることになります。そしてじっさい、先にも見たように、現行法のもとでは（第二次大戦前にくらべて）行政上の強制執行の可能性はすこぶる制限されているわけですから、そこではむしろ行政刑罰が、行政法の各分野にわたって広く、強制手段として中心的な機能をはたさなければならないことにもなるわけです。

ただ、強制手段として見るかぎり、行政刑罰にはどうしても、事実的にも法的にも、その力に限界があります。たとえばまず、その強制効果は、あくまでも間接的なものにとどまるにすぎません。また、行政刑罰はふつう懲役であるか罰金であることが多いのですが、たとえば罰金刑のばあいには、義務違反によってえられる経済的な利益が罰金の額よりもはるかに大きい、といったようなケース（たとえば、無免許営業としてかけられる罰金を払ってでも、ともかく営業をやって金をかせいだ方が、経済的にははるかに得だ、というケース）では、その威嚇効果・強制効果は、どうしても薄いものとならざるをえない、といった弱みがあります。また、これはちょっとむずかしい話になりますが、刑罰のばあいには、たとえば「二重処罰の禁止」という原則（日本国憲法三九条後段）があって、ある義務違反の事実（たとえば、営業停止命令にしたがわない）があったとき、おなじ事実に対して（目的を達するまで）繰り返しそれを科することは許されない、という法的な制限があります。こんなようなことから、じっさいにはさらに、あとで見るようなさまざまの間接的な強制手段が新たにくふうされ利用されることになるわけです。

行政刑罰と その手続

行政刑罰は刑法で名前のあがっている刑罰を科するものであるわけですから、その処罰の手続はとうぜん刑事訴訟法の定めるところによることになるわけで、通常の刑事罰のばあいとおなじように、検察官の公訴提起にはじまり裁判所の判決でおわる、通常の刑事訴訟手続によっておこなわれます。ただ、例外的に、事件の特殊性ということを考えて、通常の刑事訴訟手続に入る前にもっとかんたんな手続によってこれに代えてしまう方法が認められています。そのひとつは、「交通事件即決裁判手続法」に基づく即決裁判手続で、もうひとつは「国税犯則取締法」および「関税法」に基づく通告処分手続、さらに「道路交通法」第九章で定めている反則金制度などがこういった例にあたります。

過料(秩序罰)とその手続　過料は、刑法に定められている「刑(罰)」ではありませんから、刑法総則の規定は適用されないと考えられていますし(参照、同法八条)、また、その手続も、行政刑罰のばあいのように刑事訴訟法によるのではなくて、法令に特別の定めがないかぎり、「非訟事件手続法」一一九条以下が定めているところによっておこなわれるものとされます。また、過料は、そもそも裁判所にゆくことなく、行政行為によって一方的に科されることもあります。たとえば地方自治法に定める過料がそのよい例です(参照、地方自治法一五条二項、一四九条三号、二二一条の三第三項、二五五条の三、など)。

(2)　そのほかの間接的強制手段

背　景　さて、これまで見てきたようないろいろな手段は、理論的にいえば、ほんらい行政法上の義務の履行を強制するための手段として、中心となってはたらくべきはずのものなのですが、じっさいには、必ずしもそう多く使われているとはいえない面があるのです。それは、ひとつには、もうこれまでに見たように、こういった手段を使いうる場面がそもそも法律上はなはだ制限されている、といったこと、また、強制手段としての実効性がじっさいにはあまりないこと、などの理由のためですが、もうひとつには、（ちょうど、行政行為ができるのにむしろ行政指導によってことを運ぼうとするのとおなじように）特にわが国のばあい、どうも、行政側も、強制執行などというハードな権力的手段でゴリゴリやるのをきらって、なるべくソフトな方法を選びたがる、という傾向があるからだ、といってよいでしょう。いずれにせよ、現実の行政活動では、これまでに見てきたような手段のほかに、さらにいろいろなかたちでの間接的な強制手段がもちいられ、大きな効果をあげていることに注意しておく必要があります。しかしここでは、そのうち、特に代表的な例をいくつかあげるだけにしておきましょう。

公　表

子供のころに、なにか悪いことをして、先生に「〇〇君はこういう悪いことをしました。皆さんはそんなことのないようにしましょうか。」などとみんなの前でバラされて、とても恥ずかしい思いをしたような経験はないでしょうか。「公表」というのは、これとおなじことで、行政主体が「こうしてほしい」と考えることに反して、私人がある行動をしたりしなかったりするときに、行政主体の側で、その事実およびその私人の名前を公表する、という方法のことをいいます。こういったことを公表されたからといって、べつに法的な義務が課されたり権利が奪われたりするわけではなく、また、身体や財産に対して直接に実力が加えられるわけでもありませんから、そういった意味では痛くもかゆくもないはずなのですが、どうも日本人は、自分の名前が公に出てしまうのを恥ずかしがり、いやがる、という傾向があるようで、じっさいには「いうことをきかなければ名前を公表するぞ」というのが、存外有効な(間接的)強制手段になっているのです。

公表は、行政行為の間接的強制手段として使われるだけでなく、むしろ(たとえば勧告のような)行政指導をうまくはたらかせるための手段としてもちいられることもあります(たとえば参照、国土利用計画法二六条)。しかしいずれにしても、「法的な拘束力はないのに現実に実効性がある手段」である、という性質があるわけですから、公表をめぐっても、行政指導をめぐって生ずるのと似たような法問題(前出一六一頁以下を参照してください)が生じることになります。

サービスの拒否

行政主体は、日常生活のいろいろな場面で、私たち私人に対して法的・事実的に優越した立場に立っているので、そもそもそのこと自体が私たちに対しては無言の圧力となり、「おかみのいうことには逆らえない」といった気分にさせられてしまうようなところがありますね。正直いって私自身、お役所からなにか手紙などが来ると、思わずドキッとしてしまいます。

しかし、とりわけ私たちが参ってしまうのは、いうことをきかないことを理由として、行政主体がふだんしてくれているいろいろなサービスを止められてしまうケースだといってよいでしょう。こんにちの社会では、私たちの日常生活は非常に広い範囲にわたって、上下水道・ガス・交通機関など、行政主体がおこなうサービスにたよらざるをえなくなっています。そこで、このことを利用して、行政主体が、ほんらいとはまったくべつの目的を実現するための強制手段として、こういったサービスを止めてしまう、といったことが、（少なくとも現実問題としては）できるわけです。たとえば、都市計画法・建築基準法違反の建物に対して、市町村が水道の供給を拒否したり、下水道の利用を禁止したりするようなケースがそのよい例です。じつは、こういったような違法建築物に対しては、現行の法律のもとでも取り壊しを命じた上で（建築基準法九条一項に基づく除却命令）、いうことをきかなければ行政代執行をおこなう（前出一七四頁以下参照）ことができるのですが、行政庁はどうも、こういった強硬な手段に訴えることをきらい、先のような行動（いわば一種のいやがらせ）に出たがる傾向があるのです（こんな姑息な方法を使うのは違法ではないかということが争われた有名な例として、たとえば、最一判昭五六年七月一六日民集三五巻五号九三〇頁――豊中市給水拒否事件判決――などがあります）。また、いわゆる宅地開発等指導要綱あるいはそれに基づく行政指導の実効性を確保するためにこのようなことがおこなわれることもあります（参照、東京地八王子支決昭五〇年一二月八日判時八〇三号一八頁――武蔵野市マンション事件決定）。

たとえばドイツの行政法理論では、こんなことをするのは目的と手段との「不当結合（Koppelung）」である、として違法とする考え方が早くから確立してきたのですが、わが国のばあいには必ずしもそうではなく、従来、具体的なケースによって、判例・学説上いろいろな考え方がされてきました（参照、最二決平元年一一月八日判時一三二八号一六頁――武蔵野市長給水拒否事件決定）。また、行政手続法が「行政指導に携わる者は、その相手方が行政指導に従わなかったことを理由として、不利益な取扱いをしてはならない」という規定を置いたのは（同法三二条二項）、ひとつには、こういった問題をにらんでのことでもあるのです。

3 即時強制・行政調査

(1) 即時強制

「即時強制」の観念 行政主体が、私人になにかさせよう（あるいは、させまい）とするばあい、（まず行政指導をするだろうということはべつとして）現在の法律のもとでは、ふつうは、まず行政行為でもってそのことを命じておいて、そして相手がこれを自発的にやらないばあいに、はじめて実力を行使する（強制執行をする）、というしくみになっています（たとえば、違法建築物を取り壊すばあいだとか、税金を取り立てるばあいなどを考えてください）。これはいうまでもなく、公の利益のために公権力の行使をするといっても、できるかぎりはまず、私人の自発的な意思を尊重するべきだ、という考え方があるからで、いわばこういった自由主義的な考え方が、こんにちわが国で採用している行政法の根本にあるのだ、ということができるでしょう。

ところが、ばあいによっては、とてもこんな手間ひまかけてはやっていられない、といったようなケースが出てきます。たとえば、いま火事が出て、ほうっておけば燃え広がりたいへんな惨事となるおそれがある、といったばあいを考えてみましょう。このばあいに、どうしても必要なことは、なにがなんでも、ともかく一刻も早く火を消すことですね。そこで消防隊がかけつけたとして、消火活動をするためには、足場が悪かったりして、どうしても燃えている家の隣の家に立ち入って消火活動をしなければいけない、というようなばあいが出てきます。それから、もっとひどいばあいには、（たとえば強風が吹いていたりして）もう一軒一軒の火を消すことなどは、とてもできない。街が全滅するのを防ぐためには、せめて燃え広がっていく先を遮断するため、防衛ライン（ベルト）をつくって、そのライン上にある建物を（まだ燃えてもいないのに）全部壊してしまう必要がある、といったようなケースすらあるのです（いわゆる「破壊消防」）。こんなばあいに、いちいち隣の家の持ち主に、立ち入ってもよいかどうか確かめるとか、または、立ち入ることの受忍を命じる、などという手間ひまをかけているわけにはゆかないでしょう。それからまた、たとえば、酔いつぶれて道端にぶっ倒れて泥酔している男がいて、ほうっておくと、車にひかれるおそれがあったり、あるいは凍死してしまうおそれがある、といったようなケースも考えられます。こんなばあいにも、だいじなことは、ともかく、当人をひとまずどこかに保護することなので、当人の意思を確認するだとか、当人に立ち退きを命ずるなどということをやっていたのでは（当人は意識不明なのですから）およそナンセンスでしかないのは明らかでしょう。「即時強制」というのは、まさにこういったばあいをいいます。これを少しむずかしいいい方をしてみると、こんなことになります。

「即時強制は、行政上の目的を達するために国民の身体または財産に対して加えられる行政主体による実力行使である点において、強制執行と共通性を持つが、先行する特定の義務の強制のためにおこなわれるものではないこと、すなわち、法令や行政行為等によってひとまず私人に義務を課し、その自発的な履行を待つのでなく、いきなり行政主体の実力行使がおこなわれるものである点において、強制執行と区別される。」

強制執行の中の一方法としての「直接強制」と「即時強制」とは、名前も似ているし、また、似たような状況のもとで使われることが多く、たいへんまぎらわしいのですが、このふたつが理論的に区別されるのもまさにこの点なのです。

即時強制の具体的な例

以上からもうおわかりのように、即時強制という手段が利用される例は、ほぼ、①目前急迫の障害を除くという緊急の必要からして、相手方である私人に義務を命じているひまのないばあい、または②ほんらい相手方に義務を命ずることによっては目的を達することのできないばあい、にかぎられています。

①の例としては、（先に見た）消防法二九条に定める消火活動のための土地の使用・家屋などへの立入・処分などのほか、また、感染症の予防及び感染症の患者に対する医療に関する法律一七条二項、一九条三項、二九条二項などに定める感染症患者の検診、入院、衣類・食料の廃棄などの予防措置、などが、また、②の例としては、（これも先にあげた例ですが）警察官職務執行法三条による酔払いや行倒れ人の保護などが、その代表としてあげられます。

即時強制に対する法的制限

このように、即時強制というのは、ある意味で、もっとも強力な公権力行使であるわけですから、これをおこなうためには法律の明確な根拠（授権）がなければならないことはいうまでもありません。この点、現在のわが国では、いろいろな法律によるさまざまの個別規定のほかは、警察官がおこなう即時強制一般について、警察官職務執行法が定められているにとどまります。また、これとはべつに、即時強制としておこなわれる私人の身体・財産への侵害について、憲法三三条および三五条の令状主義の保障が適用されるか、という問題があるのですが、この点については、次の行政調査の項で触れることにしましょう。

(2) 行政調査

「行政調査」の観念

国の政治や行政をおこなってゆくとき、いろいろな調査が必要になるのは、いうまでもないことで、行政機関もいろいろなかたちでさまざまの調査をしています。でも、行政法学で特に「行政調査」というばあいには、ふつう、こういった調査のすべてのことをいうのではなくて、その中でもある一定のかたち（しくみとかシステムとかといってもよいかもしれません）をとっておこなわれるもののことだけをいっています。では、どんなかたちのものをいうのか、ということですが、一口でいうのはなかなかむずかしいのですけれども、だいたい、「行政機関が私人に対して質問や検査をしようとするばあいで、私人がこれに自発的に応じないばあいには、なんらかのかたちでの公権力の行使がおこなわれる可能性があるもの」とでもいうことができるのではないでしょうか。たとえば、国税徴収法の一四一条という条文では、国税の徴収職員が、滞納処分のため滞納者の財産を調査する必要があると考えるときには、滞納者などに対して、質問し、またはその財産に関する帳簿書類を検査することができることとしています。そして、滞納者などがこれにしたがわなかったばあいには、一年以下の懲役または五〇万円以下の罰金に処せられることになっているのです（同法一八八条参照）。それからまた、国税通則法にも同様の規定があります（同法七四条の二～七四条の六および一二八条二号・三号を参照）。

こういった例は、以前は「即時強制」の一種として考えられていたのですが、どうも考えてみると、このばあい、質問や検査という行為自体をとってみるかぎりは（ことわったからといって、その場で身柄を拘束され連行されたり、帳簿を強制的に持ってゆかれたりする、というわけではないのですから）、それは必ずしも「直接に国民の身体・財産に実力を加える」ものであるとはいえないのではないか、ということから、こんにちでは（少なくとも狭い意味での）即時強制からは、理論的に一応区別されるようになっています。こういう意味では、おなじようになんらかの調査の目的でおこなわれる行為であっても、直接に身体や財産に手をかけるようなケース（たとえばおなじ国税通則法であっても、右に見た例ではなくて、一三二条の方を見てください）は、もはやここでいう「行政調査」ではなく、やはり「即時強制」の方に入るのだ、と考えるべきだと思います。

即時強制・行政調査と令状主義

いずれにしてもしかし、「即時強制」や「行政調査」がおこなわれるばあいには、少なくとも最終的にはなんらかのかたちでの公権力の行使がおこなわれる可能性があるわけですから、法治主義の観点からすれば、なんらかの法的なチェック（制限）が必要だ、ということになります。法律の根拠がいる、ということはもうあたりまえのこととして、それとはべつに、これまでよく問題にされてきたのは、これらをおこなうばあい、前もって裁判所の許可とか令状とかをもらっておく必要はないのか、ということでした。つまり、日本国憲法三五条では、「①何人も、その住居、書類及び所持品について、侵入、捜索及び押収を受けることのない権利は……正当な理由に基いて発せられ、且つ捜索する場所及び押収する物を明示する令状がなければ、侵されない。②捜索又は押収は、権限を有する司法官憲が発する各別の令状により、これを行ふ」と定めているわけですが、この規定（また、たとえば同憲法三三条も見てください）がここでも適用されることになるのではないか、というわけです。

じっさいに法律上、即時強制あるいは行政調査に際して司法機関の令状ないし許可状をとることが必要であることとされている例も、個別的にはないではないのですが（国税通則法一三二条、出入国管理及び難民認定法三一条、など。なお参照、警察官職務執行法三条三項）、ただ、こういうことを一般的に定めている法律はないので、そこで、こういったような規定がないばあいについても、（憲法の規定からして）裁判所がまったくかかわることなしにおこなわれた即時強制・行政調査は違法となるのではないか、という問題があるわけです。ところでこの点、日本国憲法のこれらの規定は、直接にはじつは、刑事事件のばあいに検察や警察などの司法機関がおこなう捜索・押収などについて定めているにすぎないので、必ずしもとうぜんに行政機関を拘束するものではない、というのが、学説や判例がとってきたこれまでのおおかたの考え方です。しかしそれにしても、行政活動についてもこの規定が（少なくとも）類推適用されるようなことはないのか、という問題が残っているわけです。

この点については、これまでさまざまな考え方があるのですが、一般的にいえば、即時強制・行政調査といってもばあいを分けて考えるべきである、というのが、こんにち共通の考え方になっている、ということができるでしょう。最高裁もまた、こういった考え方に立ち、たとえば所得税法に基づく質問検査権（当時）の行使が問題となったケースで、〝刑事責任追及を目的とする強制行為でないからといってとうぜんに令状主義の適用の範囲外にあるということはできない〟と述べ、しかし、所得税法の質問検査権については、それが〝直接物理的な強制を認めるものでなく、検査を拒んだものに対する罰則による間接的強制をおこなうものであるにすぎないこと〟、それからまた、〝所得税の公平確実な賦課徴収という目的にとっての収税官吏による実効性のある検査制度の必要性〟といったことなどを考え合わせると、このばあい、裁判所の令状がなくても違憲・違法とはいえない、という判断をしています（最大判昭四七年一一月二二日刑集二六巻九号五五四頁――川崎民商事件判決。なお、租税法以外の分野についてのものとして、最大判平四年七月一日民集四六巻五号四三七頁――成田新法事件判決――があります）。

第十一講　行政訴訟——その一

1　わが国の行政訴訟制度の基本的特徴

行政訴訟制度の意義

ルールを決めたからといって、だれもが必ずそれを守るとはかぎらない。決めたことが破られるからこそ、争いも起こり、それを解決するための裁判も必要になってきます。そしてこれは、行政主体と私人の間でもおなじことです。これまで見てきたように、行政活動に対しては「法律による行政の原理」を中心とするさまざまな法原則や法制度によって、行政主体（行政機関）が私人の権利や利益を侵害することのないように、コントロールの網が張りめぐらされているわけですが、しかし、いうまでもなく、現実には、行政活動がいつもこのような制限を守っておこなわれるとはかぎらないので、違法・不当な行政活動によって私人の権利や利益が侵されることがしばしば出てきます。こういったばあいに、私人に、侵された自分の権利や利益の回復を求めるための道をひらくのが、行政訴訟制度を中心とする、いわゆる「行政救済法」の基本的な目的なのだ、ということができます。

独立の裁判所による裁判手続

争いをだれかに裁いてもらってことを決めよう、というばあい、こういったシステムがうまくはたらくためには、争っているどちらの側もが、どんな結果が出ようとも、「あの人がそういうのだからしかたがない」として納得してくれるということが、なによりもだいじなことではないでしょうか。そしてふつう、こういった意味で、みんなが納得するのは、裁く人が中立・公正であると信じられるばあいでしょう。司法権（裁判官）が、いかなる権力や勢力からも独立でなければならない、というのは（日本国憲法七六条三項参照）、まさにこのためです。

ところで、行政主体のおこなった活動がはたして法律に違反していないかどうかを裁くときにも、ことはまったくおなじであるはずですね。現在のわが国では、こういった意味で、私人が行政主体・行政機関を相手として争う裁判（いわゆる行政訴訟）についても、民事訴訟・刑事訴訟とおなじように、ふつうの裁判所（地方裁判所・高等裁判所・最高裁判所。先にも見たように──前出二〇頁──これらを、通常裁判所とよぶこともあります）がこれを受け付け、取り扱ってくれることになっています。そしてまた、その裁判手続についても、基本的には私人と私人の間の訴訟とおなじで、民事訴訟法の定めるところにしたがっておこなうことになっています。ただ、ふつうの民事事件と行政事件とでは、やはりいくらかの性質のちがいがある、ということで、特に「行政事件訴訟法」という、行政訴訟について定めている法律があるのですが、これは、条文数の上でも民事訴訟法や刑事訴訟法とはくらべものにならないほど少なく（本則五一か条）、そこで行政訴訟（この法律では「行政事件訴訟」とよんでいます）については、この法律の定めによるほか、一般的には「民事訴訟の例による」こととされています（同法七条）。このように、現在のわが国においては、国民（私人）は、行政主体（行政機関）を相手として訴訟（裁判）を起こすばあいであっても、原則としては、私人相互間のばあいとおなじ程度の、中立・公正な裁判制度による保障を受けられることになっている、ということができるわけです。ところがこのことは、歴史上、必ずしも、いつもそうであったというわけではないのです。

司法国家制度と行政裁判制度

日本国憲法の七六条一項は、「すべて司法権は、最高裁判所及び法律の定めるところにより設置する下級裁判所に属する」と定め、二項では「特別裁判所は、これを設置することができない。行政機関は、終審として裁判を行ふことができない」と定めています。また、憲法のこの規定をうけて、裁判所法という法律では「裁判所は、日本国憲法に特別の定のある場合を除いて一切の法律上の争訟を裁判」するもの、と定めています（同法三条一項）。これらの法規定が、先ほどいった現在のわが国の行政訴訟制度の根本的基盤となっているわけですが、じつは、日本国憲法のこの規定は、第二次大戦前明治憲法の時代にあった「行政裁判法」、そしてこの行政裁判法という法律に基づきできあがっていた「行政裁判制度」を特に意識して、それとのちがいをはっきりとさせ、いわゆる「司法国家制度」を確立しようという目的でもって定められたものだったのです。

明治憲法（大日本帝国憲法）は、「行政官庁ノ違法処分ニ由リ権利ヲ傷害セラレタリトスルノ訴訟」はふつうの裁判所では取り扱わないこととし、これとは組織系統をまったくべつにする「行政裁判所」が扱うこととしていました（同憲法六一条）。これがつまり「行政裁判制度」とよばれるシステムのことなのですが、この行政裁判所は、“裁判所”の名は持っているものの、じつは、組織法上むしろ行政組織の一部をなしていた機関で、その組織のあり方、手続のあり方などを見ても、とても、ほんとうの意味での中立・公正な裁判所であるとはいえないようなものでした。

このようなシステムを根本的に変えたのが、日本国憲法の先に見た規定だったわけですが、ここでひとつ、特に注目しておいていただきたいことがあります。それはわが国のばあい、明治憲法時代の行政裁判制度が廃止された際、それがただちに、逆にもっとも徹底したかたちでの「司法国家制度」、つまり、行政事件についても民事・刑事事件のばあいとまったくおなじように通常裁判所がこれを裁判するというシステムを採用する結果になった、ということです。なぜこんなことをいうかというと、じつは、以前わが国に行政裁判制度があったとき、そのモデルとしていたのは、ドイツやフランスなどのヨーロッパ大陸諸国だったのですが、これらの国では現在でも行政裁判制度があって、行政訴訟は、いぜんとして、通常裁判所とは系統をべつにした行政裁判所だけがこれを取り扱うという制度が採用されているからなのです。ただ、現在のこれらの国の行政裁判所は、その間、それ自体の構造だとか訴訟手続だとかを大きく改善して、ほんとうの意味での中立・公正な裁判所としての性格を持たされたものとなっている、という点に、昔の行政裁判所とのちがいがあるのです。

じつは、わが国のばあいにも、日本国憲法七六条が「特別裁判所」をつくってはいけないといっているのは、ただ、ふつうの裁判所の組織とまったく無関係な裁判機関をつくってはいけないということだけなので、最高裁判所を頂点とする裁判所組織の一部としてならば、通常の裁判所のほかに特別の分野（たとえば行政法の分野）についてだけ裁判をする裁判所をつくってもべつにさしつかえないのだ、というふうに考えられています（たとえば現在でも、家事事件、人事事件、そして少年事件だけを取り扱う「家庭裁判所」という裁判所が、地方裁判所のほかにあります）。ところが、現在のわが国には、こういったものとしても、およそ「行政裁判所」と名のつくものはいっさい存在していないのです。

ところが他方で、もう先に見たように、わが国のばあいにも、行政訴訟にはやっぱりふつうの民事訴訟などとはちょっとちがった特殊性があるのだ、ということから、民事訴訟法のほかに「行政事件訴訟法」という特別の法律があります。そしてこの法律によって定められているいろいろな制度は、日本国憲法が司法国家制度のモデルとして強い影響を受けたアメリカの法制度よりもずっと、こんにちでも行政裁判制度を持っているドイツやフランスなどの行政訴訟制度によく似ているのです。こういったわけで、わが国の現在の行政訴訟制度は、諸外国にくらべてもすこぶる特徴的なものを持っているのだ、ということになりますし、また、それだけむずかしい問題をかかえているのだ、ということにもなるわけです。

2　行政事件訴訟法の定める諸制度㈠——訴訟類型

さて、行政主体に対して私人が訴えを起こすといっても、いいたいことをなんでもかんでも裁判所に持ち込めるかというと、それはそういうわけではありません。これは、なにも行政訴訟のばあいだけではなくて、ふつうの民事訴訟のばあいでもおなじです。裁判所に訴えを起こすについては、法律上いろいろなルールが決まっていて、このルールをちゃんと守っていない訴えは、そもそも受け付けてもらえないのです。つまり、裁判というのは、いわば国民の税金でできている裁判所という国の機関に、「争いの解決」というサービスをしてもらうことであるわけですから、「あの子がいじわるしたー！」といって泣いて帰れば母親がとにかくなんとかしてくれる、というのとは話がちがうというわけです。

訴えを起こすについて、いちばんだいじなことは、自分は「だれ」に対して「なに」を求めようとするのか、を明らかにする、ということです。これがはっきりしていないと、裁判所は裁判のしようがありません。こういった意味で、法律は、起こすことができる訴えについて、一定の「型」を決めています（こういった「型」のことを、ふつう、「訴訟類型」とよんでいます）。じつは「民事訴訟」とか「刑事訴訟」とかいうのも、こういった意味での「型」なのですが、行政訴訟のばあいには、行政事件訴訟法が、「行政事件訴訟」という大きな型の中にさらに細かく型を分けて、私人が起こせる訴えのかたちをかなり限定しているのです。

この意味での訴訟類型として行政事件訴訟法が定めているのは、抗告訴訟、当事者訴訟、民衆訴訟および機関訴訟の四つだけです（同法二条。ただ、行政主体を相手として訴えを起こそうとするばあいには、このほか、ふつうの民事訴訟による道があることも忘れてはいけません。たとえば、あとで勉強する国家賠償請求などは、民事訴訟としておこなわれます）。そしてこの四つの訴訟類型の中で、もっとも重要な意味を持っているのは「抗告訴訟」だということができます。

(1)　抗 告 訴 訟

行政事件訴訟法の定めによると、抗告訴訟とは「行政庁の公権力の行使に関する不服の訴訟」のことをいいます（同法三条一項）。そしてこの法律は、こういった抗告訴訟の中に、さらに「処分の取消しの訴え」（同二項）、「裁決の取消しの訴え」（同三項）、「無効等確認の訴え」（同四項）、「不作為の違法確認の訴え」（同五項）、「義務付けの訴え」（同六項）、「差止めの訴え」（同七項）

という六種類のものを区別しています。では、これらはそれぞれ、正確にはどういう訴えなのでしょうか？

取消訴訟

このうちまず、最初のふたつの訴えは、法律の条文に書いてあるところを見ても、「取消し」の対象となる行為が「処分」か「裁決」かというちがいだけで、それ以外のちがいはまったくありません。そこでこの両者を合わせて「取消訴訟」ともよぶことになっています（行政事件訴訟法九条参照）。

ところでそのばあい、「裁決」とはどんな行為のことをいうのかについては、法律がはっきりと定めているのですが（同法三条三項）、ここでいう「処分」とは、いったいなんなのかについては、法律の言葉の上では、なにも明らかにされていません。そこでこの点については、これまで、判例や学説の上で、はなはだ多くの議論がされてきました。たとえば最高裁の判例では（すぐ後に見る平成一七年の二判決までは）従来一貫して、ここでいう「行政庁の処分」とは、「行政庁の法令に基づく行為のすべてを意味するものではなく、公権力の主体たる国または公共団体が行う行為のうち、その行為によって、直接国民の権利義務を形成しまたはその範囲を確定することが法律上認められているもの」であり、「正当な権限を有する機関により取り消されるまでは、一応適法性の推定を受け有効として取り扱われる」ものでなければならない、という考え方がとられてきました（参照、最一判昭三九年一〇月二九日民集一八巻八号一八〇九頁――東京都ごみ焼却場事件判決。この考え方を、以下では、最高裁の「従来の公式」とよぶことにします）。これは、それだけ読んだのでは、おそろしくややこしく、またむずかしい話のように見えるのですが、もっとかんたんにいえばつまり、ここで意味されているのは、要するに、さまざまな行政活動の中でも特に「公定力」のあるもの、つまり「行政行為」（前述第七講参照）のことなのだ、といってよいだろうと思います。このような考え方のもとでは、行政活動であっても「行政行為」ではないもの、つまりたとえば、民法上の契約締結などいわゆる私法上の行為、また、行政主体の組織内部での行為（いわゆる「内部行為」）、直接に私人の権利を奪ったり制限したりする法的な効果を持っていない「計画」だとか「行政指導」などの行為、そのほか、かりに事実上は私人の利益に重大な影響をおよぼすようなことがあっても、法的に見るかぎり私人の権利や義務に直接具体的な効果をおよぼさないような行為はすべて、ここでいう「行政庁の処分」ではない、ということになるわけです。

学説の上でも、多数説はだいたいこのような考え方をしているのですが、ただ、最近では、こんにち、行政指導などのように、私人の権利義務に対して直接に法的な効果を持つわけではないけれども事実上は非常に大きな影響を与える行政活動が決して少なくないことを考えると、行政事件訴訟法がいっている「処分」の観念を右に見た最高裁の「従来の公式」のように狭くかぎってしまうのでは、国民（私人）の権利を十分に救済してゆくことはできないのであって、こういったような行為もまた、（いわば「形式的行政処分」として）取消訴訟をはじめとする抗告訴訟でもって争えるようにすべきだ、とする考え方なども、あらわれるようになっていました。そうしたところ、平成一七年になって、最高裁は、都道府県知事が医療法三〇条の七（現三〇条の一一）に基づいてした病院開設中止の勧告について、その性質を行政指導である、とはっきり認めたうえで、この行為をめぐって同法が定めている法規定のあり方等にてらしてみると、これは行政事件訴訟法三条二項にいう「処分」と認めるべきである、という画期的な判決をするところとなりました（①最二判平一七年七月一五日民集五九巻六号一六六一頁、②最三判平一七年一〇月二五日判時一九二〇号三二頁）。これらの判決は、必ずしも、「処分」とは何かについての、右に見たような最高裁の「従来の公式」自体を否定するものではなく、ただ、それは原則にとどまるのであって、あらゆる場合に例外を許さない金科玉条としての性質を持つものではない、という考え方をするものであるといってよいと思います（右の②の判決に付けた私の補足意見を読んでください）。

無効等確認の訴え

右に見た最高裁の「従来の公式」のような考え方によると、取消訴訟は、行政行為（処分または裁決）に瑕疵があって「取り消しうべき行政行為」となるばあいに（前出一二三一～一二三四頁参照）、この行政行為を裁判所が取り消してくれるよう求めて起こす抗告訴訟であることになるわけですが、これに対して、無効等確認の訴え（ふつう、たんに「無効確認訴訟」とよぶこともあります）は、処分または裁決の瑕疵があまりにも重くてもはや「無効」または「不存在」というべきである（前出一三四頁以下参照）、ということを主張して起こす抗告訴訟なのだ、ということになります。そして、取り消しうべき処分については、ともかく訴訟によって取り消されるまでは法的な効果があるから、この効果の取消しを求める訴訟となるけれども、処分が無効または不存在となってしまったならば、もともと取消しということがなくても、はじめからまったくなんらの法的効果もないのだから（前出同所参照）、訴訟のかたちとしては結局、法的効果がないことを「確認する」というものにならざるをえない、と考えられているわけです。

ところがよく考えてみると、行政処分が無効（または不存在）だということならば、そもそもこの処分には公定力もないことになるわけですから（前出同所参照）、私人としては、なにもわざわざ抗告訴訟というかたちで処分それ自体が無効であることの確認を求める、というようなまわりくどいことをしなくても、行政処分が無効であるということを前提とした上で、現在の法律関係に関する訴えをいきなり起こせばすむのではないか、といった疑問がわいてきます。たとえば、課税処分があってそれにしたがって税金を納めてしまったのだけれど、よく考えてみるとあの課税処分は無効だから、納めた金は返してもらいたい、というようなばあいだったら、なにも課税処分それ自体の無効確認訴訟を起こすまでもなく（もちろん、この課税処分が単なる「取り消しうべき行政行為」にとどまるばあいには、「公定力」があるので、まず取消訴訟を起こしてこの処分そのものを取り消してもらうことが絶対に必要となるわけですが)、国を相手に直接「税金を返してくれ」という民事訴訟を起こして、その訴えの中で、「なぜならばあの課税処分は無効だから」ということを主張しさえすれば、それですむことになるはずです。おなじことは、たとえば土地収用裁決が無効だったので、取られた土地を返してもらいたい、というばあい、公務員に対する免職処分が無効だったので、まだ公務員の身分を持っていることをはっきりさせてほしい、といったようなばあいなど、いろいろなケースについていえることになります。そこで、じつは行政事件訴訟法自体、その三六条で、次のような規定を置いているのです。

「無効等確認の訴えは、当該処分又は裁決に続く処分により損害を受けるおそれのある者その他当該処分又は裁決の無効等の確認を求めるにつき法律上の利益を有する者で、当該処分若しくは裁決の存否又はその効力の有無を前提とする現在の法律関係に関する訴えによって目的を達することができないものに限り、提起することができる。」

この条文の意味は、正確に説明しようとするとたいへんむずかしいことになるのですけれども、ここでは、要するに、右に見たような課税処分の無効そのほかの例などでは、処分それ自体の無効確認訴訟を起こすというのはよけいなまわり道だから、それはできないことにして、もっぱら直接「金を返せ」といった民事訴訟で争うことしかできない（こういったばあいの民事訴訟のことを特に「争点訴訟」とよんでいます。同法四五条を参照）ということなのだ、というふうに理解しておけばよいでしょう。

不作為の違法確認の訴え

取消訴訟や無効確認の訴えは、このように、行政庁がもうなにかの処分をしてしまって、私人が、あとからそれを違法だといって争うばあいに起こす訴えなのですが、これに対して、私人の方からすると、早く処分をしてもらいたいのに、行政庁が一向にしてくれない、といったようなケースも出てきます。たとえば、家を建てようと思って建築確認の申請をしたのに、いつまでたってもウンともスンとも返事がない、といったようなばあいを考えてみたらよいでしょう。こういったばあい、もし、法律にしたがうならば行政庁はただちに建築確認をしなければいけないのに（羈束行為）それをしてくれない、ということだったなら、（建築確認という）行政行為（処分）をしないこと（これを一般に「不作為」といいます）自体が、そもそも違法だ、ということになるでしょう。行政事件訴訟法が定めている「不作為の違法確認の訴え」（ふつう「不作為の違法確認訴訟」ということもあります）というのは、こういったケースで、私人がどんな訴えを起こせるか、という話なのです。

行政事件訴訟法によると、不作為の違法確認の訴えとは「行政庁が法令に基づく申請に対し、相当の期間内に何らかの処分又は裁決をすべきであるにかかわらず、これをしないことについての違法の確認を求める訴訟をいう」とされています（同法三条五項）。たとえば、先に見た建築確認だとか、あるいはまたなんらかの営業許可の申請をしたのだけれど、いつまでたっても行政庁からの返事がない、というようなばあいに、裁判所に、なんらの返事もしないのは違法である、ということを確認してもらうのがこの訴えだ、ということになります。

さて、ここでちょっと緊張をしていただかなければならないのですが、それは、この法律の条文を正確に読んでみると、じつはこの訴えは、（右に見たように、行政庁の不作為が違法であるときに、これに対して私人が争うために認められている訴えなのだ、ということ自体はまちがいないのですが）行政庁の不作為に対してさほど強力なコントロールをおよぼしうるようなものだとはいえない、ということなのです。なぜかというと、この訴えは単に、申請をしたにもかかわらず相当の期間がたってもなんらの処分もしない、ということ自体の違法性を攻撃するためのものであって、申請に対して、たとえ却下処分（拒否処分）がなされたばあいであろうとも、ともかくなんらかの返事（処分）がなされていたならば、もはやこの訴えを起こす余地はないからなのです。つまり、この訴えは行政庁が「ウン」とも「スン」ともいわないばあいに、「なにもいわないのは違法だ」ということを訴えるだけのためのものなので、かりに行政庁が「スン」といってしまった（申請を却下した）ならば、もはやこの訴えは起こせない。このばあいに「ウンというべきなのにスンといったのは違法だ」といって争おうとするならば、それはもうこの訴えではできないので、あらためて、この「スン」に対して取消訴訟とか無効確認訴訟を起こさなければいけないのだ、ということになるわけです。

さらにまた、この訴えは、申請に対して相当の期間なんらの返事もないとき、このような不作為は違法だということの「確認」を求めることしかできないので、この訴えによって、およそ裁判所が行政庁になんらかの行為をすべきことを「命ずる」判決をすることを求めることはできないのです（たとえば「スンではなくウンといえ」というようなことはもちろん、「ウンとかスンとかいえ」というように命ずる判決を求めることもできません）。

義務付けの訴え

さて、行政庁の違法な不作為に対して私人が争おうとするとき、右に見たように、不作為の違法確認訴訟だけでは、あまり有効な手段であるとはいえない、ということになると、次には当然、裁判所が行政庁に対して直接に「ウンといえ」とか、または「ウンとかスンとかいえ」ということを命じる判決をすることができるようにすべきではないか、ということになります。これを可能にしているのが、次の「義務付けの訴え」です。

ところで、平成一六年に改正され（同一七年四月一日から施行。以下では、この改正を、「平成一七年改正」といいます）、現在の形になる以前には、行政事件訴訟法三条の規定は五項までで終わっていて、現在の六項（義務付けの訴え）および七項（差止めの訴え）については、明文の規定がありませんでした。そこで、学説・判例上、これは、こういった訴えは許されないということなのかどうかをめぐって、いろいろな議論があったのですが、結論的にいうと、行政事件訴訟法三条の規定そのものは、理論的に考えられる多くの抗告訴訟（「公権力の行使に関する不服の訴訟」）の中で、典型的なものについてだけ、特に明文で定めたにすぎないのであって、条文上明文で定められていないからといって、そこに例示されていない訴訟がまったくできないわけではないのだ、という考え方がなされてきました。そしてこのように、法律上明文では定められていないけれども、理論的には可能であると考えられる抗告訴訟のことを、一般に、ひっくるめて「無名抗告訴訟」という名前でよんできたのです。そして、「義務付けの訴え」（義務付け訴訟）とか「差止めの訴え」（差止め訴訟）は、こういった「無名抗告訴訟」として考えられる典型例だと考えられてきたのでした。ただ、当時の判例や学説のおおかたは、これらの訴えは、かりに無名抗告訴訟としても、原則的にはできない（少なくとも、きわめて例外的にしか許されない）のだ、としてきたのです。どうしてそうなるのか、ということを正確に説明するのは、ちょっとむずかしいのですが、要するに、行政行為をする際には、まず行政庁が自分で、そういった行為をすることが法律上許されるかどうか（違法でないかどうか）について判断して、ひとまずはこれをやるべきなので、裁判所の役割というのは、こうして行政庁がひとまずおこなった行為について、あとから、それが違法でなかったかどうかを審査することにかぎられるのだ、という考え方がされてきたからだといってよいでしょう。こういう考え方のことをふつう（ややむずかしいいい方ですが）「行政庁の第一次的判断権の尊重」という言葉でよんでいます。

ところで、平成一七年改正では、このように、理論的にはともかく、現実にはほとんど認められてこなかった義務付け訴訟（そして、次に見る差止め訴訟）が、法律上、正面から認められることになりました。義務付け訴訟について簡単に見ておくと、次の通りです。

まず、法律は、「義務付けの訴え」の中に、許可の申請などに対して行政庁が処分をすべきであるにもかかわらずしない場合（法三条六項二号。以下、かりに「申請型不作為」とよぶことにします）に起こすものと、それ以外の場合（同一号。以下、かりに「直接型不作為」とよぶことにします。たとえば、隣の土地の建物が違法建築で、きわめて危険なものであるのに、行政庁が、いっこうに改善命令を出したり、取り壊し命令を出さない、といったような場合が、これにあたるでしょう。私人が法令に基づく申請をしている場合にはじめて許される先に見た不作為の違法確認訴訟では、こういったケースは、およそその対象とはなりえませんでした）に起こすものとを分けています。そして、申請型不作為については、まず、不作為の違法確認訴訟もできるようなケースでは、それを一緒に起こさなければならず（法三七条の三第三項一号）、また、そうでない場合、つまり申請に対してすでに拒否処分（申請の却下または棄却等）がなされている場合には、この拒否処分に対する取消訴訟または無効確認訴訟を一緒に起こさなければならないこととしています（法三七条の三第三項二号）。また、直接型不作為の場合には、義務付け訴訟は、「一定の処分がされないことにより重大な損害を生ずるおそれがあり、かつ、その損害を避けるため他に適当な方法がないときに限り、提起することができる」と定められているなど（法三七条の二第一項）、義務付け訴訟は、私人の権利を救済するための抗告訴訟としては、なお、先に見た三つの抗告訴訟の補充的な制度であるということが、示されています。けれども、他方で、問題とされている処分等がなされないことにより償うことのできない損害を避けるため緊急の必要がある場合には、裁判所が行政庁に仮の義務付けを命じる決定をする可能性も開かれるなど（参照、法三七条の五）、平成一七年改正が行政庁の不作為に対して国民の権利を守るためのみちを、大きく拡げたことは、疑いがありません。

差止めの訴え

差止めの訴え（差止め訴訟）というのは、「行政庁が一定の処分又は裁決をすべきでないにかかわらずこれがされようとしている場合において、行政庁がその処分又は裁決をしてはならない旨を命ずることを求める訴訟をいう」とされています（法三条七項）。こういう訴えも、処分がまだなされていないにもかかわらず、そういう処分をするのは違法だということを、まえもって裁判所に判断してもらおうというものであるわけですから、従来の一般的な考え方では、「行政庁の第一次的判断権の尊重」の例外を認めることになるわけで、平成一七年改正以前には、ただ「無名抗告訴訟」のひとつとして、きわめて例外的な場合にしか許されないものと考えられてきました。

平成一七年改正では、このような訴えが正面から認められることになったわけで、たとえば、こんなことが考えられるのではないか、と思います。せっかくマイホームを建てたところ、建築基準法や消防法に違反しているから、違法な部分を取り壊すか改築しなさい、といった行政指導が、市の方からあったとします。違法なはずはない、と思っても、これまでの判例や学説の考え方ですと、行政指導は「処分」ではありませんから、この行政指導の取消しを求めて訴えを起こすということはできません。しかし、放っておいたら、次には、改善命令とか取り壊しを命ずる処分（除却命令）が出されることは目に見えているといったようなばあいであれば、みすみす違法な処分がなされるまで手をこまねいていなければならない、というのも、おかしなことなので、まえもって、改善命令・取り壊し命令の差止めを求める、といったことができるのではないでしょうか。

もっとも、法律は、このような差止めの訴えについては、「一定の処分又は裁決がされることにより重大な損害を生ずるおそれがある場合に限り、提起することができる」と定め（法三七条の四第一項）、さらにこういった場合であっても、「その損害を避けるため他に適当な方法があるとき」には、差止めの訴えはできないことと定めています（同項ただし書）。先の義務付け訴訟の場合もそうですが、ここでいう「重大な損害を生ずるおそれ」とか、「他に適当な方法がない」とかいった事実が、具体的にどういった場合に認められることになるかによっては、これらの訴えの現実の機能については、ずいぶん大きな違いがでてくることになるわけで、その意味で、これらの新しい条文の解釈についての今後の判例（特に最高裁判例）や学説の動向が特に注目されるといってよいでしょう。

なお、裁判上仮の差止めを求めることもできることとされたのは、先の義務付け訴訟のばあいに仮の義務付けを求めることができることとされたのと同じです（法三七条の五）。

(2)　当事者訴訟

行政事件訴訟法四条で定めている訴えのことを「当事者訴訟」といいますが、この名前は、その訴訟が、（抗告訴訟のばあいのように）一方の当事者が公権力を行使する行政庁の所属する行政主体で他方はそれにしたがう私人である、といったように、そもそも対等な立場にない者の間で争われるのではなく、まったく対等な立場にある当事者どうしでの争いなのだ、というところから来ています。いいかえれば、「当事者訴訟」というのはつまり「公権力の行使に対する不服の訴訟」としての性質を持たない訴訟、という意味だ、と考えてもよいかもしれません。

形式的当事者訴訟

ところでよく見ると、この条文は、当事者訴訟の中にふたつの種類のものがある、ということを定めていることがわかります。そのうちのひとつは、はじめの方（前段）で定めている「当事者間の法律関係を確認し又は形成する処分又は裁決に関する訴訟で法令の規定によりその法律関係の当事者の一方を被告とするもの」であるわけですが、このタイプの当事者訴訟を、ふつう「形式的当事者訴訟」とよんでいます。この「形式的」ということの意味は、（正確にいうとたいへんむずかしいのですが）この訴えが実質的に見ると「公権力の行使に対する不服の訴訟」つまり「抗告訴訟」としての性質を持っているのだけれども、法形式の上では対等な当事者の間での訴訟というかたちになっている、ということなのです。ただ、こういった例はそもそもほんとうに例外的にしか認められていませんし（例として、土地収用法一三三条三項、特許法一七八条一項・一七九条ただし書・一二三条一項、などを参照）、行政法入門の段階では、こういうものがあるということについてあまり気にする必要はないと思います。

実質的当事者訴訟

行政事件訴訟法四条のおわりの方（後段）では、もうひとつ「公法上の法律関係に関する訴訟」というのを定めています。これはふつう「実質的当事者訴訟」とよばれていて、そのことからもわかるように、当事者訴訟の中でも中心となるのは、（条文の言葉の上ではずっと短いのですが）むしろこっちの方なのです。この訴えはその名前からもわかるように、もともと「法」の中に「公法」と「私法」との区別がある、ということを出発点にして、公法上の法律関係だけれども公権力の行使だとはいえない（つまり非権力的な）法律関係をめぐる争いを対象とする訴えがあるはずだ、という考え方から設けられたものです。けれども、もう先に触れたように（一九頁以下参照）、こんにちのわが国では公法と私法の区別ということ自体が、理論的にあやふやなものになっていて、具体的にある訴訟がここでいう当事者訴訟にあたるのか、それともむしろ民事訴訟となるのかといったことについては、ほとんど明らかではなくなってしまっています。そしてまた、当事者訴訟については、抗告訴訟についてのいくつかの法規定が準用される（行政事件訴訟法四一条）だけで、それ以外には広く民事訴訟法の規定が適用されることになるわけですから、結局現在では、その限りで、この訴えが持つ意味はほとんどなくなってしまっている、といってもよいでしょう。

もっとも、平成一七年改正によって、四条の実質的当事者訴訟に関する部分は、「公法上の法律関係に関する確認の訴えその他の公法上の法律関係に関する訴訟」として、「公法上の法律関係に関する確認の訴え」という文言が追加されることとなりました。これがいったい理論的にどういった意味を持つのか（つまり、従来はできなかったことが新たにできるようになったのか、それとも、従来でもできたことを、条文上明文で確認しただけのことなのであって、実質的には変更はないのか）については、どうもよくわからないところがあります。ただ、少なくとも改正の動機としては、従来、行政訴訟の中心とされてきた抗告訴訟（とりわけ取消訴訟）が、その対象となる「処分」の概念が、判例上あまりにも狭く解釈されてきたなどのことにより、国民の権利救済のための手段として充分に機能してきたとはいえない、という問題意識があって、それならば、そのぶんを、公法上の当事者訴訟を利用することによって、いくらかでも補うことができないか、ということがあるようです。つまり、理論的にいえば、行政処分（たとえば課税処分）が違法であるとすれば、相手方である私人の側から見れば、そういった行政処分（課税処分）を受ける義務はない（納税義務はない）、ということになるわけですから、このばあい課税処分の取消訴訟というのは、実は、納税義務が存在しないことの確認訴訟（租税法上の法律関係に関する確認の訴え）と実質的に同じことだ、といえるかもしれないわけで、こういった意味では、抗告訴訟で争えることがらも、すべて、「公法上の法律関係に関する確認の訴え」に引き直して考えることができるということになります。そうだとすれば、およそ公法上の法律関係に関する争いの中で、抗告訴訟ができる部分は、もっぱらそちらに任せることにして、できない部分は、いっさい公法上の当事者訴訟で引き受けるよ、といった分業をすることも、考えられないではないことになりますね。ただ、新しく入ったこの文言が具体的にどういった意味を持つようになるかについては、なお、今後の判例・学説の展開を見守る必要があるようです。

この点、最高裁大法廷は、平成一七年九月一四日に、海外に居住するわが国民が、公職選挙法が在外国民に国政選挙（正確には、衆議院総選挙における小選挙区選出議員の選挙および参議院議員の通常選挙における選挙区選出議員の選挙）において投票することを認めていないことを憲法違反であると主張して、次回の選挙で投票をする権利がある（投票することができる地位にある）ことの確認を求めた訴訟で、この訴えを、行政事件訴訟法四条の定める公法上の当事者訴訟として性格づけたうえで、原告らの請求を認める判決をしました（民集五九巻七号二〇八七頁）。この事件では、原告らの権利を制限しているのは法律（その附則）であって処分ではありませんから、取消訴訟や無効確認訴訟等の対象とすることはできないわけで、また、義務付け訴訟や差止め訴訟の対象となる何らかの具体的な行為を特定することも難しいケースでしたので、権利救済のためには、公法上の当事者訴訟を認めることが最も合理的な事件だったということができるでしょう。

(3)　民衆訴訟

主観訴訟と客観訴訟

行政事件訴訟法によると、民衆訴訟とは「国又は公共団体の機関の法規に適合しない行為の是正を求める訴訟で、選挙人たる資格その他自己の法律上の利益にかかわらない資格で提起するもの」をいう、とされています（同法五条）。しかし、皆さんには、これだけではいったいなんのことか、さっぱりわからないのではないでしょうか。そこで、たとえば次のようなことを考えてみてください。

かりに、なにか違法な行政行為がおこなわれた（たとえば、たいした交通法規違反もしていないのに、自動車の運転免許の取消処分がされた）とします。このばあい、この運転免許の持ち主（Aさん）が、こんな処分は違法だ、として、取消訴訟を起こすことができるのは、もういうまでもないことです。では、かりに、Aさん自身は（たとえば訴えを起こしたりするのは面倒くさいから、とか、道が混むので、これを機会にもうマイカー通勤はやめようと思うから、とかいうことで）訴えを起こすのをあきらめてしまったとして、その友達（Bさん）が、「違法な行政行為がおこなわれたのに、ほうっておいてよいのか。おまえがやらないのならば、俺がやってやる」といって、Aさんに対する処分の取消訴訟を起こす、というようなことはできるのでしょうか。このばあい、だれに対する処分であれ、ともかく違法な処分がされているのですから、法律による行政の原理を実現する、ということからすれば、だれがこれに対する抗告訴訟を起こしてもかまわないようにも思えます。しかしじつは、現在の行政事件訴訟法は、こういったことは認めていないのです。

行政事件訴訟法九条一項の規定を見ると、「処分の取消しの訴え及び裁決の取消しの訴え（以下「取消訴訟」という。）は、当該処分又は裁決の取消しを求めるにつき法律上の利益を有する者……に限り、提起することができる」と書いてあります。この条文がいっていることはつまり、かりに違法な行政行為がおこなわれたとしても、その結果自分の法的利益に対して直接具体的な侵害をこうむる者がいないならば、この行政行為は取消訴訟の対象とされることはないし、また、違法な行政活動によって法的利益に直接具体的な損害をこうむった人以外の人は、この行政行為を行政事件訴訟で争うことはできない、ということですね。いいかえればここでは、行政事件訴訟という制度は、なるほど行政活動の適法性を保障するための制度ではあるのだけれども、ただそれは、必ずしも、行政活動が適法であること自体を実現しようとする目的を持ったものであるわけではなく、そのほんらいの目的は、違法な行政活動によって権利侵害を受けた私人がいるとき、この者についてその救済をおこなうことにあるのだ、ということ、だからまた、裁判によって行政活動の適法性が回復されるというのも、こうして私人（個人）の権利が救済される結果、たまたまそうなるということにすぎないのだ、ということが、前提となっているわけです（行政事件訴訟法九条の意味については、あとでまたくわしく説明します。後述二二四頁以下）。

こういった目的と性格を持った訴訟のことをふつう「主観訴訟」とよんでいますが、現在の行政事件訴訟法が定めている訴えの中では、取消訴訟をはじめとする抗告訴訟のほか、当事者訴訟もまたこういった性格の訴えだ、と考えられています。ただ、考えてみると、行政訴訟のばあいには、多くの民事訴訟のばあいとはちがって、ふつう、一方の当事者は、行政主体ないし行政機関という公益の代表者であるわけですから、その活動が違法であるかどうかということは、広くわれわれ国民一般にとって決して関係のないことではないはずです。そうだとすれば、こういった問題を、直接の利害関係者（しかも「法律上の利益」を持つ者）が訴えを起こさないかぎりは取り上げない、といったことで、ほんとうによいのだろうか、という問題は、やはり残ることになるのではないでしょうか。そこで現在の行政事件訴訟法は、先に見たように、抗告訴訟・当事者訴訟などの主観訴訟を原則としながらも、ただ例外的に、一定の行政活動についてだけ、私人の個人的な権利利益の保護ということとは無関係に、いわば、行政活動の客観的適法性の実現（保障）ということ自体を直接の目的とした（こういう目的と性格を持った訴訟のことを、「客観訴訟」とよんでいます）「民衆訴訟」という訴訟類型をも認めることにしたのです。

民衆訴訟提起の可能性　民衆訴訟はこのように、わが国の現行の行政事件訴訟法のもとでは、ほんらいきわめて例外的なものであるわけですから、それは、抗告訴訟のように一般的に認められるのではなく、ただ、個別的な法律で特に定められたばあいにおいてだけ提起することができます（同法四二条）。また、先にも見たように、取消訴訟を起こしうる者は、「当該処分又は裁決の取消しを求めるにつき法律上の利益を有する者」にかぎる、とされていますが（同法九条一項）、民衆訴訟のばあいには、こういった要件とはまったく関係なく、個別的な法律によって特に定められた者が、これを提起しうることとされています（同法四二条）。

現行法上じっさいに認められている民衆訴訟としては、いろいろなものがあるのですが、公職選挙法で定める各種の選挙関係訴訟（選挙無効訴訟——二〇三条、二〇四条——、および当選無効訴訟——二〇七条、二〇八条）、地方自治法の定める住民訴訟（二四二条の二）などがその代表例とされます。これらについての説明はここでは省略します。

(4)　機関訴訟

行政の内部関係と機関訴訟　機関訴訟というのは、「国又は公共団体の機関相互間における権限の存否又はその行使に関する紛争についての訴訟」のことだとされています（行政事件訴訟法六条）。これはもう前に第一講および第二講で見たことですが、従来わが国の行政法理論は、行政法関係を行政の「内部関係」と「外部関係」とに区別して考えてきました。こういった考え方のもとでは、たとえば、行政機関が相互に権限争いをするようなケースは、とうぜん、純粋に行政の内部的な問題であって、私人の個々的な権利保護とは無関係だ、ということになります。その意味でこれは主観訴訟ではなくて、民衆訴訟とおなじように、行政活動が行政法規に適合しているかどうか（適法かどうか）ということ自体を客観的に明らかにする目的を持った客観訴訟の一種だということになるわけです。したがって、わが国の行政訴訟制度のもとではこれまた例外的なものであり、法律によって特に認められているばあいにかぎり、法律によって定められた者だけが提起しうるものであるという点、民衆訴訟のばあいとまったくおなじことになるわけです（同法四二条）。たとえば平成一一年改正前地方自治法一五一条の二などに定めていたいわゆる「職務執行命令訴訟」などがその代表的な例だったのですが、地方分権の推進の一環としていわゆる「機関委任事務」という制度が廃止されたことに伴い、この訴訟は姿を消すことになりました。これに代わって今日では、地方自治法上、地方公共団体に対する国からの関与（監督）に対して、地方公共団体の長が裁判所に訴えを起こす道が開かれることになったほか（地方自治法二五一条の五以下）、形は以前の職務執行命令訴訟に似ていますがちょっと性格が違う、地方公共団体の「法定受託事務」についての執行命令訴訟が認められています（同二四五条の八）。

第十二講　行政訴訟――その二

3　行政事件訴訟法の定める諸制度(二)――訴訟要件

行政事件訴訟と訴訟要件

これは行政訴訟のばあいにかぎらず、民事訴訟・刑事訴訟など、およそ訴訟であるかぎりはおなじことなのですが、なにか不満があって、裁判所に訴えを起こそうとするとき、その訴えを裁判所で取り上げてもらう（受け付けてもらう）ためには、訴えそれ自体が、ある定められた形式的な要件をみたしていなければなりません。前講で見た訴訟類型の問題もじつはそのひとつなのですが、こういった要件は「訴訟要件」とよばれ、これをみたしていないと、訴えは、「訴えそれ自体が不適法」であるとして却下されてしまうのです（いわゆる「門前払い判決」）。もちろん、訴えが正式に取り上げられてほんらいの審理をしてもらったのだけれども、最終的に、訴えで主張したことを裁判所に認めてもらえなくて、訴訟に敗けてしまうこともあるわけですが、これは請求の「棄却」といって、ここでいう「却下」とは区別されています。じっさいの訴訟では、この訴訟要件がみたされているかどうかという問題は、とても重要な意味を持っていて、多くの訴訟が、このバリアーにひっかかって、しりぞけられてしまっているのが現実なのです。そういう意味では、この関門をキチッと通り抜けられるかどうかが、法律のプロとアマとのちがいなのだ、ということすらできるかもしれません。

訴訟要件についても、現行の行政事件訴訟法のばあい、民事訴訟法の原則がそのまま適用されることが多いのですが（参照、法七条）、ただ、行政訴訟のばあいにだけ要求される特別の訴訟要件がいくつかあって、それが行政事件訴訟法をはじめとするさまざまの法律に定められています。

不服申立ての前置

行政事件訴訟法八条一項では、「処分の取消しの訴えは、当該処分につき法令の規定により審査請求をすることができる場合においても、直ちに提起することを妨げない。ただし、法律に当該処分についての審査請求に対する裁決を経た後でなければ処分の取消しの訴えを提起することができない旨の定めがあるときは、この限りでない」とされています。審査請求というのは、処分が違法だとか不当だとかいうばあいに、裁判所に訴えを起こすのではなくて、行政機関に対して直接文句をいう（不服を申し立てる）制度のことで、次講でくわしく説明しますが、ここでの問題はつまり、裁判所に問題を持ち出す（訴えを起こす）前に、行政機関自体に対してもう一度なんらかのかたちで反省を求めるという手順をふむ必要はないかどうか、ということなのです。その必要は（原則として）ない、というのが、この八条の規定なのですが、じつは、昭和三七年に現在の行政事件訴訟法が制定される前には、これとは逆に、行政庁に対する異議や訴願（こんにちでいう行政上の不服申立て。次講参照）ができるばあいには、それをやってからでなければ処分の取消訴訟を起こすことはできない、とされていたのでした（いわゆる「訴願前置主義」）。そしてそれは、必ずしも理由がないわけではなかったので、訴訟を起こすとお金も時間もかかるけれども、行政機関が取り扱う行政上の不服申立てだったら、いわば迅速低廉にかたがつく可能性があるし、また、行政庁にしてみても、正式の訴訟を起こされる前に、もう一度反省の機会が与えられるならば、それはそれなりに、もう一回誠意をもって考えなおす、ということだってありうるわけです。しかし他方では、なんといっても、行政庁は争いの反対当事者であるわけで、中立公正な立場にある裁判所とはぜんぜんちがうわけですから、なにがなんでも先に不服申立てをしなければいけない、というのでは、どうしても私人にとっては不利になるわけです。むしろ、私人の権利救済をより充実するということを考えるならば、行政庁の反省を期待してまず不服申立てをやってみるか、あるいはいきなり訴訟を起こして断固戦うか、それとも「下手な鉄砲数撃ちゃあたる」ということで、両者を平行してやるか、すべて私人の自由な選択に任せるべきだ、ということになるでしょう。現行法は、まさにこういう考え方をとったわけです（「自由選択主義」）。

ただ、現行法は、この自由選択主義の例外があることをも、同時に認めています（行政事件訴訟法八条一項ただし書)。そしてじつは、こんにちでは、個別の法律が定めるこういった例外がかなり多くなり、その結果、現実には不服申立て(審査請求)の前置という要件がふたたび取消訴訟の重要な訴訟要件となってしまっているということを否定できないのです。もっともこの点、今回平成二六年の行政不服審査法の大改正に伴って、これらの例外規定も多くが廃止されたり修正されたりすることになり、状況はずいぶん改善されたといって良いと思います。

原告適格

これはもう前講でも触れたことですが、わが国の現行の法制度のもとでは、およそ違法な行政処分がなされたならば、だれでもがこれに対して抗告訴訟を起こしてよいというわけではないのであって、ある行政処分に対して抗告訴訟を起こすことができる法的な資格(すなわち「原告適格」)を持つ者は、法律が定めるところによって、限定されているのです。行政事件訴訟法九条一項が、取消訴訟は、当該処分または裁決の取消しを求めるにつき「法律上の利益」を有する者にかぎり提起することができる、と定めているのがそれで、これは、わが国の取消訴訟(抗告訴訟)がもっぱら「主観訴訟」としての性質を持つことを示しているのだ、ということは、前講ですでに説明しました。

ところで、それでは、具体的にいって、いったいどんな利益がそこでいう「法律上の利益」にあたるのか、ということが問題になりますが、この点についてはじつは、これまで、学説・判例の上ですこぶる多くの議論がされてきていて、みんながそうだ、と一致する結論は、いまだに出ていない、というのが現状なのです。それでも、おおよそこんなふうに考えたらよいだろう、ということぐらいは、いえると思います。

まず、法律上の利益というわけですから、とうぜん、処分が取り消されることによって、単に事実上・経済上の利益がえられるというだけではだめだ、ということは疑いがありません。たとえば、前に見た例（二一六〜二一七頁参照）で、Aさんの運転免許が違法に取り消されたけれど、Aさん自身は、もうこれを裁判所で争うような気持はない、というばあいに、毎日会社までAさんにいっしょに乗せていってもらっていた（いわゆる「好意同乗」）Bさんが、Aさんが運転できなくなるのでは、自分のそういう利益が失われてしまうから、といって、Aさんに対する免許取消処分の取消しを求めて訴えを起こしうるかというと、それはだめだ、というのは明らかですね。いうまでもなくBさんのこういう利益は、単に事実上の利益であるか、あるいはせいぜい（そうでなければ毎日払わなければならない電車賃を払わなくてもすむという意味での）経済上の利益でしかないからです。ただ他方で、ここでいう「法律上の利益」というのは、たとえば民法で特に「権利」とよばれているような特定のもの（所有権・抵当権・質権・賃借権など）にかぎられるのではなく、もっと広い範囲のものなのだ、ということについても、これまで、学説・判例の上での争いはありません。問題は結局、この中間のどのあたりで線を引くかということになるわけですが、現在のところ、多くの学説（いわゆる「通説」）そして最高裁の判例がとっている考え方は、およそ次のようなものだ、といってよいでしょう。

つまり、行政処分（行政行為）については、法律（あるいはその授権を受けた行政立法）上の規定によって、その内容だとか手続だとかにさまざまの拘束がおこなわれているわけですが、こういった規定が、ある特定の私人（甲）の利益を保護する目的でその拘束をおこなっているならば（そしてそのばあいにかぎり）、その者（甲）が、その処分が取り消されることについての「法律上の利益」を持つけれども、こういった拘束が、もっぱらほかの利益（一般公益またはほかの私人〔乙〕の利益）を保護する目的でおこなわれているにすぎないばあいには、その処分が取り消されることによって、かりに甲がなんらかの利益を受けることがあったとしても、そういった甲の利益は「（法規の）反射的な利益」にすぎないのであって、行政事件訴訟法九条一項でいっている「法律上の利益」にはならない、という考え方です。たとえば、先にあげた例で、運転免許がどういうばあいに取り消されるかを定めている道路交通法の規定（一〇三条一項・二項）は、そこに定められているばあいでなければ免許取消しということはない、という意味で、もっぱら免許を持っている者（Aさん）の利益を保護している規定であって、好意同乗をさせてもらっているBさんの利益を特に保護しようというものではありません。これに対してたとえば、隣の家の日照を奪うような建築をすることを禁止している建築基準法の規定（五六条の二）などは、明らかに、隣の家の所有者（Dさん）の利益を保護しているわけで、だから、もし建築主であるCさんがこの規定に違反した建築をしようとしているときに、これに対して建築確認（処分）がなされるようなことがあったなら、DさんはCさんに与えられたこの建築確認（処分）の取消しを求めて争うことができる、ということになるわけです。最高裁の有名な判決では、たとえば、電力会社が（旧）公有水面埋立法に基づき知事から受けた公有水面埋立免許について、この水面の周辺で漁業を営む者がその取消しを求めて争った事件（いわゆる「伊達火力発電所事件」）で、（旧）公有水面埋立法上これらの者の利益を保護する目的で定められた規定がないことを理由にその原告適格を認めなかった例などがありますが（最三判昭六〇年一二月一七日判時一一七九号五六頁）、このような考え方をふつう「法律上保護された利益説」とか「法的に保護された利益説」というふうによんでいます。

もっとも、このばあい、そこでいう「行政処分について拘束をおこなっている法規範（法規定）」の中に、どこまでの範囲の規範を含めて考えるか（つまり、法律だけか、それとも憲法の規定あるいは「法の一般原則」なども含まれると考えるか）、また、具体的にどういったばあいに「特定の私人の利益が保護されている」と考えるか、といったことについては、さまざまな解釈の余地があります。そんなこともあって、学説は一般に、原告適格をあまり厳密に考えすぎるのは適当ではない、というように考えていますが、最近では最高裁も、基本的にはこの「法律上保護された利益説」の考え方に立ちながらも、ケースによっては、じっさい上かなりゆるやかに原告適格を認めるようになってきています（たとえば最一判昭五七年九月九日民集三六巻九号一六七九頁――長沼ナイキ訴訟判決、最二判平元年二月一七日民集四三巻二号五六頁――新潟空港訴訟判決、最大判平一七年一二月七日民集五九巻一〇号二六四五頁――小田急線都市計画事件。なお、この平成一七年判決は、都市計画事業の事業地の周辺に居住する住民が事業認可処分の取消訴訟を起こした事件で、従来の最高裁判例〔最一判平一一年一一月二五日判時一六九八号六六頁〕をあえて変更したうえで、一定範囲の住民に原告適格を認めたものです）。

なお、平成一七年改正により、行政事件訴訟法九条の二項として、「処分又は裁決の相手方以外の者」（いわゆる「第三者」）が処分の取消しを求める場合（たとえば、右に見たBさんやDさん、あるいは、漁民の例は、いずれもこれにあたります）において、「法律上の利益」を有するかどうかを判断するにあたり、裁判所が考慮すべき事項について、明文の規定がおかれることになりました。これは、処分を取り消すについて「法律上の利益」があるか否かの判断がもっともむずかしく、しばしば見解が分かれるのは、なんといっても第三者が訴えを起こす場合だからで（処分の相手方自身が起こす場合には、取消しについて原則的に「法律上の利益」があるのは、処分が不利益なものである限り当然のことです）、じつはここに書かれているさまざまの考慮事項は、いずれも、これまで、最高裁の判例が示してきた内容のものなのです。

被告適格

行政事件訴訟法一一条一項によると、処分または裁決をした行政庁が国または公共団体に所属する場合には、取消訴訟は、それぞれ、国またはその公共団体を被告として提起しなければならないこととされています。民事訴訟法の原則からいえば、これはあたりまえのことですが、じつは、平成一七年改正の以前においては、「処分の取消しの訴えは、処分をした行政庁を、裁決の取消しの訴えは、裁決をした行政庁を被告として提起しなければならない」とされていたのでした（改正前法一一条一項）。「行政庁」という言葉については、先に第二講で勉強しましたが、それはもともと行政組織法上の言葉で、一言でいえば、「自己の名前で、しかし行政主体のために、意思決定をし、私人に対して意思表示をおこなう権限を法令上与えられている行政機関」のことでした（前述二五頁以下参照）。こういうとむずかしいのですが、ここではつまり、「処分または裁決をおこなう権限を与えられている行政機関」のことだ、と考えておけばよいでしょう。こうして旧法のもとでは、たとえば、課税処分の取消訴訟だったら、「国」を相手として訴えを起こすのではなく、その課税処分をした税務署長を相手としなければならない、運転免許取消処分の取消訴訟だったら、知事ではなくて、免許を取り消した公安委員会を被告として訴えを起こさなければならない、といった状態でした。これは大変まぎらわしいことですが、ここのところをまちがえると、それだけで訴えは門前払い（却下）になってしまったわけで、国民の権利救済制度という見地からは、大きな問題がありました。そこで、平成一七年改正では、これを改めて、民事訴訟の原則に戻すことにしたわけですが、ただ、処分または裁決をした行政庁が国または公共団体以外の行政主体に属する場合（たとえば、民間企業がいわゆる「指定機関」として検査・検定等の行政処分をおこなう場合等が、これにあたります）については、なお、当該行政庁が被告となることとされています（法一一条二項）。また、国または公共団体が被告になる場合でも、訴訟において、実質的には行政庁が主体となって活動することとなっています（同条四項～六項を参照）。

この一一条の規定は、取消訴訟以外の抗告訴訟にも適用されます（法三八条一項）。

出訴期間　取消訴訟は、処分または裁決があったことを知った日から六か月以内に提起しなければなりません（行政事件訴訟法一四条一項。平成一七年改正までは、これが三か月以内とされていました）。「知った日から」というのですから、処分があったことを知らなければ、いつまでても訴えができそうですが、そこはちゃんと手がうってあって、いずれにせよ処分または裁決があった日から一年がすぎると、訴えは提起できないことになっています（同条二項参照。これを「除斥《じょせき》期間」といいます）。

出訴期間に関する規定は、ほかの抗告訴訟には準用されていません。それはあたりまえのことなので、まず、不作為の違法確認訴訟については、そもそも行政処分がないばあいに問題となるのですから、とうぜんのことですし、これは、義務付け訴訟および差止め訴訟についても同じことです。また、無効確認訴訟については、まさに出訴期間といった制限を受けず、いつでも起こせる抗告訴訟であるところにこそ、この訴訟のほんらいの意味があるのだからです。

出訴期間等の教示　平成一七年改正では、新たに、行政庁が、取消訴訟を提起することができる処分または裁決をする場合に、相手方に対して、出訴期間その他の訴訟要件について、書面で教えなければならないという、いわゆる教示義務を負うことが、明文で定められました（法四六条）。じつは、この行政庁の教示義務という制度は、行政不服審査法では不服の申立てにつき、もう早くから定めていたのですが（後述第十三講、二五〇頁を参照してください）、行政事件訴訟についてはそうでなく、国民の権利救済のうえで、不十分であることが指摘されてきていました。そこで、平成一七年改正で、これを改めたものです。そういうわけで、この本でも、教示制度の意味などについては第十三講で詳しくふれていますので（二五〇〜二五一頁）、そちらにゆずることにします。

4　行政事件訴訟法の定める諸制度㈢——執行停止の問題

「執行不停止原則」と例外としての執行停止　訴えを起こしたとしても、最終的に判決が出るまでには、ふつうずいぶん長い時間がかかりますし、また、もし地裁の段階（第一審）で勝っても、相手方（国や地方公共団体）から上訴されて、高裁や最高裁でさらに争われることになると、これはもう気が遠くなるほど先のことになる可能性があります。そうすると、訴えを起こしてから判決が出されるまでのこの長いあいだ、問題となった行政処分の効果は、いったいどういうことになるのでしょうか？　取消判決が出ていない以上は有効だ（いわゆる「公定力」）、として、たとえば課税処分だとか、建物の取り壊し命令、といったような処分がどんどん執行されてしまうことになると、長い時間をかけてやっと行政処分の取消判決をもらったときには、もはや手遅れで、自分の財産に取り返しのつかないダメージを受けてしまう、ということにはならないでしょうか？　じっさい、こういった問題はたしかにあるので、そこで、たとえばドイツなどでは、行政行為の取消訴訟が起こされたときには、原則として、判決が出るまでは、その行政行為を執行しない、というしくみになっています。こういうしくみのことを、「（処分の）執行停止制度」（または単に「執行停止」）といいます。

ところが、これとちがって、わが国の行政事件訴訟法は、二五条一項で「処分の取消しの訴えの提起は、処分の効力、処分の執行又は手続の続行を妨げない」と定めています（執行不停止原則）。これは、どうしてそうなっているかというと、取消訴訟が起こされたときにはとうぜんに執行停止をするということになる（執行停止原則）と、勝ち目はないということを十分に知っていながら、時間かせぎのためにともかく訴えを起こすというようなケースがたくさん出てくるのではないか、そうすると、私人の権利保護ということを考えるあまりに、行政がスムーズにおこなわれることが必要以上に妨げられる結果になってしまうのではないか、という考え方がされているからなのです。たしかにそういうこともあるかもしれませんが、しかし私人の方から見るならば、処分が違法であると考えて取消訴訟を起こしたのに、処分の効力が停止されず、執行もストップされない、というのでは、やはりたいへん具合が悪いのではないでしょうか。もちろん、処分が執行されてしまっても、本体の訴訟で最後に勝って、処分が取り消されたならば、もとに戻せということを求めることはできるわけですが（原状回復請求）、ただ、ばあいによってはもとの状態に戻すということが、事実上はなはだむずかしいことがあります（たとえば、土地が収用されて、先祖代々の由緒ある家屋や庭園が壊されてしまったようなばあい、あるいはもう飛行場ができてしまっているようなばあい、などを考えてみてください）。またひどいばあいには、法三一条の事情判決の制度（前出一二九頁を参照）を適用されてしまって、そもそも訴え自体敗けてしまうことだって、ありうるでしょう。そこで行政事件訴訟法は、他方、おなじ二五条の二項で「処分の取消しの訴えの提起があった場合において、処分、処分の執行又は手続の続行により生ずる重大な損害を避けるため緊急の必要があるときは、裁判所は、申立てにより、決定をもって、処分の効力、処分の執行又は手続の続行の全部又は一部の停止……をすることができる」として、私人が本体の処分取消訴訟のほかに、特別に「執行停止の申立て」をすれば、例外的に裁判所がこれを認めることがあることとしています（なお、この執行停止の要件としての、「処分、処分の執行又は手続の続行により生ずる重大な損害を避けるため緊急の必要があるとき」という言葉は、従前は、「……により生ずる回復の困難な損害を避けるため……」とされていたのを、平成一七年改正で改めたものです。これは、執行停止をよりおこないやすくしようということをねらったものですが、そこでいう「重大な損害」の意味について、さらに、これも新しく定められた同条三項の規定を参照してください）。もっともこの例外的な執行停止にもさらにいろいろな制限がつけられているので、そういった制限としては、法二五条二項ただし書や同条四項に定められているもののほか、とりわけ次に見る「内閣総理大臣の異議」という制度（法二七条）が注目されます。

なお、このような執行不停止原則は、無効等確認訴訟にも準用されている（法三八条三項）ほか、「行政庁の処分その他公権力の行使に当たる行為」については、民事保全法上の仮処分の制度を利用してその執行を一時ストップさせることもできないことになっていて（法四四条）、わが国の法律が全体として、やはり、行政側にかなり有利なシステムになっていることは、否定できないように思います。

内閣総理大臣の異議　行政事件訴訟法二七条によると、「第二十五条第二項の申立てがあった場合には、内閣総理大臣は、裁判所に対し、異議を述べることができる」とされ、また、「執行停止の決定があった後においても、同様とする」とされています。そして、内閣総理大臣がこの異議を述べたならば、裁判所は、とうぜんにそれにしたがわなければなりません。具体的にはどうなるかというと、異議が述べられたのが、まだ裁判所が執行停止決定をする前だったならば、裁判所はもはや執行停止をすることができず、また、異議が述べられたのがすでにもう執行停止の決定がなされたあとであったならば、裁判所は自分のした執行停止決定を取り消さなければならないこととされているのです（法二七条四項）。これは、なんともすごい制度で、裁判所が一度おこなった決定を、行政権に属する内閣総理大臣がひっくり返すというのですから、三権分立の原則に反するのではないか、という疑問がわいてきます。これまでのふつうの説明ですと、この制度は、行政府の長である内閣総理大臣が、公共の福祉を守るために、その政治的責任において、いわば「伝家の宝刀」を抜くものなのだから、かりにこの権限行使に濫用などがあったとしても、それはもっぱら政治問題であって、内閣総理大臣が国会に対し責任を負う（法二七条六項後段参照）ことになっている以上、それでよいのだ、とされています。でも、行政処分の執行をするかしないかということは、とうぜん私人の権利に大きな影響を与えるわけですから、必然的に私人の権利保護という問題に関係してくるわけで、これをそうかんたんに、単なる政治問題・行政問題であってほんらい裁判所（司法権）とは関係ないのだ、といってしまって、ほんとうによいのでしょうか？　わたくし自身は、この点かなり疑問を持っています。

第十三講　行政上の不服申立て

1　行政上の不服申立制度の意義

「行政訴訟」と「行政上の不服申立て」

これまで見てきた「行政訴訟」は、抗告訴訟とか当事者訴訟とか、いろいろなものがありましたが、いずれにしても、裁判所が裁判手続によって、行政法上の争いについて審理し裁断をする制度であるという点で、共通したものを持っていました。ところが、これに対して、そういう争いについて、裁判所ではなく、行政機関自身が審理をし、裁断をするばあいがあります。こういったケースを、ふつう、「行政上の不服申立て」とよんでいます（ややむずかしいよび方で、「狭義の行政争訟」というよび方もあります）。ところで、歴史の上で見ますと、たとえばフランス・ドイツなど、ヨーロッパの国々では、行政活動をめぐる争いについては、まず行政上の不服申立てということからはじまり、それが古いかたちでの行政裁判制度へと進化し、さらに現在のような、正規の裁判所による行政訴訟制度へと発展をとげてきた、という流れがあるのですが、わが国では、行政訴訟制度が、明治憲法下におけるような行政裁判制度から、こんにちの行政事件訴訟のように成熟した正規の裁判制度へと発展したのちにおいても、こういった意味での行政上の不服申立制度がこれとならんで存在していて、しかも重要なはたらきをしています。そしてじつは、これは必ずしもわが国のばあいにかぎったことではなく、フランスやドイツそしてアメリカなど、世界各国において共通に見られる現象なのです。それは、いうまでもなく、行政上の不服申立制度には、これから見るように、一面で、私人の権利を救済するための制度として、行政訴訟にはない長所があるからです。

行政上の不服申立制度の長所

第一に、行政上の不服申立制度は、裁判所の正式の訴訟手続にくらべれば、ずっとかんたんな手続でおこなわれますから、訴訟とはちがって、一方ではたしかに、ほんとうに慎重な審理をしてもらえるだろうか、という心配があるにしても、そのぶん、他方では、裁判所にゆくよりもはるかに早く審理がすむし、また費用もあまりかからなくてすむ、という長所を持っています。

第二に、行政上の不服申立てのばあいには、行政機関が判断をするわけですから、裁判所だったらできないこともできる、というメリットがあることになります。たとえば、裁判所というのは、もっぱら、紛争を法的に解決することをその任務とする機関ですから、裁判所が審理できるのは、とうぜんに法問題（行政処分の違法性）にかぎられ、自由裁量行為のばあいに行政庁がおこなった裁量が不当ではなかったかどうか、といったような判断はできないわけですが（前述六〇～六一頁参照)、行政上の不服申立てのばあいだったらそういった制限はない、ということになります(行政不服審査法一条一項では「行政庁の違法又は不当な処分」という言葉が使われていることに注意してください)。

第三に、処分が違法ではないかどうかという法問題にしぼって考えてみても、こんにちでは科学技術のいちじるしい発達だとか社会制度のたいへんな複雑化などにともなって、ある行政活動が適法であるかそれとも違法であるかという判断をする際には、専門家の深い知識(いわゆる専門技術的な知識)がなければ十分な判断をすることがむずかしい、というケースがすこぶるふえており、こういったばあいには、ふつう民事事件や刑事事件を中心に裁判をしている裁判官よりも、常日ごろこういった問題を専門的にあつかっている行政機関の方が、むしろ、より迅速また的確に判断をなしうるのではないか、ということもいえないではありません。こんにち、行政訴訟制度のほかに、それとならんで行政上の不服申立制度が世界各国で広く採用されているのは、主としてこういった理由があるからです。ややむずかしいいい方をするならば、それは、行政訴訟を中心とした私人の権利救済制度の中において、行政訴訟の力がおよばないところをカヴァーし、副次的・補充的な救済制度として機能することを期待されているのだ、ということができるでしょう。

2 行政不服審査法の定める不服申立制度

行政不服審査法

こういった意味での行政上の不服申立てに関するもっとも重要な法律として、現在のわが国にあるのは、「行政不服審査法」です。この法律は、行政事件訴訟法がつくられたのとおなじ昭和三七年にできたものですが、その目的は、それ以前その前身として明治時代からあった「訴願法」を廃止して、私人の権利救済をもっと充実しようというところにありました。この法律（これを、以下では「旧法」といいます）は、その当時の行政法学の考え方を前提とすれば、それなりに、こういった目的を果たすものと考えられていたのですが、それからすでに半世紀たち、その間、たとえば行政手続法の制定（平成五年、本書前出七九頁参照）、情報公開法の制定（平成一一年、本書前出九〇頁参照）そして、平成一七年には行政事件訴訟法大改正がなされるなど、行政権の行使に対する国民の権利救済をもっと充実しなければならないという考え方が、大いに進むところとなりました。こういった中で、行政不服審査法についても、こういった見地からの再検討が必要であるということは、もう以前から指摘され、早くから改正案なども出されていたのですが、さまざまの政治的な経緯を経た後に、平成二六年になって、ようやく改正案が国会を通過することとなりました。この改正法は、平成二八年の四月一日から施行されています（これを以下では「新法」または単に「法」ということがあります）。

不服申立ての種類

法は、不服申立ての種類として、「審査請求」「再調査の請求」「再審査請求」の三つのものを定めています。ただ、このうち、後の二つは、別に法律で特に定められている場合に、例外的に認められるものであって、中心的な役割を果たすのは何といっても「審査請求」です。「審査請求」には、処分に対するもの（法二条）と不作為に対するもの（法三条）とがありますが、例外的な場合（処分をした行政庁〈処分庁〉や不作為を続けている行政庁〈不作為庁〉に上級行政庁が無い場合等。法四条一号・二号参照）のほかは、処分庁・不作為庁自体ではなく、それ以外の行政庁（原則として、処分庁や不作為庁が属している行政組織の最上級行政庁）に不服を申し立てることになっています（法四条三号・四号を参照）。旧法では、処分庁・不作為庁自体に対しておこなう不服申立てを「異議申立て」とよんで、「審査請求」とは制度的に区別していましたが、新法では、より手続的な保障が厚い「審査請求」の方に統一されることとなりました。

ただ、旧法で「異議申立て」という制度が認められていたのは、何といっても、処分庁・不作為庁が、不服の申立てがあったことをきっかけとして自ら再検討して、その結果、処分を取り消したり不作為を解消したりしてくれれば、救済を求める側にとっても手っ取り早いし、また、行政庁の側にとっても、（たとえば所得税や法人税の更正・決定処分などのように）急いで大量にやった処分をもう一度丁寧に検討し直すことによって、より正しい判断ができるといったこともありうるからでした。こういったことを考慮して、新法では、特に「処分」について、例外的に「異議申立て」に代わる「再調査の請求」という制度を設けています。「再調査の請求」は、不服があればいつでもできるというわけではなく、「行政庁の処分につき処分庁以外の行政庁に対して審査請求をすることができる場合」であって、「法律に再調査の請求をすることができる旨の定めがあるとき」に限り、することができます（法五条）。この場合、いきなり審査請求をするか、それともまずこの再調査請求をしてみるかは、選択自由なのですが、ただ、一度審査請求をしてしまえば、もう再調査請求はできないし（同条一項ただし書）、逆に、再調査請求をしてみることを選んだ場合には、原則として、それに対する決定がされてからでなければ、審査請求はできないことになっています（同条二項）。

「再審査請求」というのは一度審査請求をおえたのちにさらにおこなう、ごく例外的な不服申立てなのですが、法律によって特に定められているばあいに、その法律が定める行政庁に対しておこなうことができることとされています（法六条一項および二項を参照）。

審査請求および再審査請求に対する裁断行為は「裁決」とよばれていますが（法四四条、六二条）、再調査の請求に対するものは、「決定」とよばれます（法五条二項）。この、「裁決」とか「決定」という言葉は、そのほかにもいろいろな法律で、さまざまにちがった意味で使われていますので、たいへんまぎらわしく（たとえば、土地収用法四七条以下の「裁決」、国税通則法二五条の「決定」などは、いずれも不服申立てに対する裁断行為ではなくて、それ自体が第一次的な処分――原処分――であるにほかなりません）、これらの言葉が出てきたときには、どの法律でいうどういう意味での「裁決」「決定」なのか、十分に注意する必要があります。

不服申立ての内容

行政訴訟のばあいには、行政庁の処分その他公権力の行使に対する不服の訴訟（抗告訴訟）の中に、さらに、取消訴訟とか無効確認訴訟とか、あるいは不作為の違法確認訴訟、義務付け訴訟等々、いろいろな形のもの（訴訟類型）を区別していました（前出一九八頁以下）。先に見たように、これは、その訴えの内容、つまり、裁判所にどういうことを求めるのか、という見地からする区別でした。ところが行政不服審査法は、「処分についての審査請求」（法二条）と、「不作為についての審査請求」（法三条）の二つを区別しているだけで、それ以上のことを定めていません。そこで、審査請求ができるといっても、私人としては、どういう内容の主張をすればよいのか、といった疑問が出てきます（これまでにもたとえば、審査請求では、処分の取消しを求めることはできるけれども、無効の確認を求めることはできないのではないか、といったことが議論されてきました）。ただ、私は、始めに見たように、行政不服審査というのは、処分（または不作為）を受けた私人が、裁判所に訴えるまでもなく、行政機関のレヴェルで、もう一回再検討してもらおうという制度なのですから、その入口のところで、あれはできない、これならできるといったあまり細かい議論をしなくてもよいのではないかと思っています。法律自体、処分に対する審査請求に理由があるときは、審査庁が上級行政庁である場合、処分庁自身である場合、等々に応じて、処分を取り消したりまたは変更したり、あるいは、処分庁に取消し・変更を命じる等、さまざまの対応をすることができるよう、かなり柔軟に定めています（法四六条、四七条。また不作為についての審査請求について、四九条三項を参照）。

なお、これは、いずれも未だ何らの処分等がなされていない段階での話だからとして、新法の規定の中には取り入れられなかったのですが、先にも見たように（前出一六九頁）、別に行政手続法が改正されて「行政指導の中止等を求める申出制度」（同法三六条の二）、「処分等を求める申出制度」（同法三六条の三）といった新制度が発足することになりました。

不服申立要件

行政上の不服申立てのばあいにも、行政訴訟のばあいの訴訟要件に対応する不服申立要件がいろいろとあって、こういった要件をみたしていない不服申立ては、本案の審理をしてもらうことができず、いわゆる門前払い（却下）をされてしまうことになります。

(1)　不服申立事項　訴願法の時代には、どんな行政処分に対してでも訴願ができたというわけではなくて、法律で定められた一定の処分に対してしかできなかった（列記主義）のですが、行政不服審査法はこれをやめて、いわゆる概括主義をとりました（法二条）。それでも、例外的に、法七条一項一号から一二号までに掲げるものについては、その処分の性質上、行政不服審査法に基づく不服申立てはできないこととしていますし、また、平成二六年の改正では、新たに、「国の機関又は地方公共団体その他の公共団体若しくはその機関に対する処分で、これらの機関又は団体がその固有の資格において当該処分の相手方となるもの及びその不作為については、この法律の規定は、適用しない」という規定が付け加えられることになりました（法七条二項）。このような定めは、以前は、後で見る教示制度の適用についてだけ置かれていたのですが（旧法五七条四項参照）、今回、行政不服審査法の規定全体について、定められることになったわけです。「その固有の資格」において当該処分の相手方となるというのは、たとえば行政手続法にも出てくる表現で（同法四条一項参照）、正確に説明しようとすると、大変むずかしいところなのですが、基本的には要するに、先に第二講で説明した「行政の内部関係」における行為のことだ、というイメージを持って頂ければよいでしょう（前出三七頁参照）。ただ、今日この「内部関係」とは正確に何か、ということは、厳密にいうと、大変微妙な問題となっていますから、このイメージだけですべてわかったつもりになってしまってはいけません。詳細はさらに専門書で勉強してください。なお、このほかにも、個別法律で、不服申立てを許さないこととしているばあいがあります。したがって、不服申立要件として、不服申立事項の問題がまったくなくなったというわけではないのです。

(2)　不服申立ての利益

行政不服審査法二条では、「行政庁の処分に不服がある者」は「審査請求をすることができる」と定めています。これを文字どおりに読むと、処分に不服がある者であればだれでも不服申立てができるようにも見えますが、じつはそうではなくて、訴訟のばあいとおなじように、不服申立てをするにあたっては、それなりの「不服申立ての利益」が必要である、というふうに考えられています。そして学説の多数や裁判例は、ここでも、行政事件訴訟法九条でいう「法律上の利益」をめぐる議論（前出二二四頁以下参照）があてはまるものとしています。たとえばこの点で、はっきりと「法律上保護された利益説」をとる最高裁判決として、いわゆる「主婦連ジュース表示事件判決」（最三判昭五三年三月一四日民集三二巻二号二一一頁）が有名です。

(3)　不服申立期間

取消訴訟のばあいの出訴期間の制度とおなじように、審査請求についても、処分があったことを知った日から一定期間が過ぎてしまうと、もう起こすことができなくなるようになっていて、この期間のことを、ふつう「不服申立期間」とよんでいます。

従前、この期間は、原則として六〇日という、取消訴訟の場合（六か月）に比べると、処分に不服のある者にとって大変不利なものとなっていたのですが、平成二六年の法改正で、この点大きく改善され、原則として、「処分があったことを知った日の翌日から起算して三月」ということになりました（法一八条）。また、例外的に、この期間を過ぎてもなお審査請求ができるばあいとして、改正前は「天災その他審査請求をしなかったことについてやむをえない理由があるとき」という、かなり厳格な要件が定められていたのですが（旧法一四条一項ただし書）、新法の下では、「正当な理由があるとき」にはそれが許されることになりました（法一八条一項ただし書）。なお、処分があったことを知らなくても、一年が経過したらもう審査請求はできない、という「除斥期間」があることは、取消訴訟のばあいとおなじです（法一八条二項）。以上は、新しくできた「再調査の請求」についてもおなじです（法五四条以下参照）。

不服審査の手続

始めに見たように、行政上の不服申立てという制度は、私人の権利救済を目的とするという点では行政訴訟と共通したところもありますが、それを行政機関自らの自己反省を通じた簡便な方法でやろうというものですから、そこのところの兼ね合い（つまり、審理の公正さと迅速さとの間の兼ね合い）には、どうしても、むずかしいものがあります。この点、旧法は「簡易迅速な手続による国民の権利利益の救済」を図るといっていたのですが（旧法一条一項）、平成二六年の改正では、「国民が簡易迅速かつ公正な手続の下で広く行政庁に対する不服申立てをすることができるための制度を定める」として（法一条一項）、振り子を、国民の権利救済の方に、大きく動かすこととなりました。こういった意味で、特に注目しなければならないのは、次のような制度です。

(1) 公平な立場にある者による審理

(a) 審理員　新法では、審査請求がされた行政庁（たとえば各省大臣）は、所属する職員のうちから、特にその審査請求を審理する者（たとえば、その省の官房職員。これを「審理員」といいます）を指名して、これに審理手続をおこなわせなければならないこととされました（法九条）。これは、審査請求が、たとえ処分をおこなった行政庁以外の行政庁（処分庁以外の行政庁）に対してされるものであるにしても、それが行政組織上の上級行政庁であるとすれば、元の処分をおこなうにあたって、何らかの関与（たとえば指揮監督）をしている可能性もあるわけで、審理の公平さについて疑念を抱かれても仕方がない。そこで、おなじ省庁の職員であるにしても、直接には処分に関わっていないことが明らかである者を特に選んで、この者に、審理手続を委ねようというものです。審理員は、審理手続を終結したならば、遅滞なく審査庁がすべき裁決に関する意見書（審理員意見書）を作成して、それを事件記録とともに、審査庁に提出しなければならない、とされます（法四二条一項・二項）。

(b)　行政不服審査会　　新法でさらに注目されるのは、一層の中立・公平さを保障するために設置された、「行政不服審査会」への諮問という制度です（法四三条）。

審査の中立・公平ということを徹底しようとすれば、本来ならば、その処分や不作為をした行政庁とは別の行政機関（上級行政庁）というだけでなく、まったくの第三者、つまり、かりに裁判所ではなくとも、組織の上で処分や不作為をおこなう行政庁とはまったく無関係な第三者機関が審査し裁決をする、という制度にするべきだ、ということになるでしょう。実際、これまでにも、行政不服審査法とは別に、その例外として、そういったシステムが採用されている例も（数は僅かですが）無いではありませんでした（たとえば、建築審査会についての建築基準法九四条、国税不服審判所についての国税通則法七八条等の法規定を参照してください）。そこで、行政上の不服申立制度の将来におけるあり方としては、こういった制度を一般化した「行政不服審判庁」を設立すべきであるという考え方も、充分ありえます。しかし、今回の改正では、そこまで踏み込むことはせず、審査請求についての裁決自体は上級庁等がするけれども、その判断の前提として、独立の第三者機関である「行政不服審査会」への諮問をして、その結果を踏まえて裁決をする、という形にしたわけです。

行政不服審査会の委員は、「審査会の権限に属する事項に関し公正な判断をすることができ、かつ、法律又は行政に関して優れた識見を有する者のうちから、両議院の同意を得て、総務大臣が任命する」とされており（法六九条）、学者だとか弁護士だとかいった、行政組織外の者が任命されることになります。審理員は、直接処分に関わっていなかったといっても、やはり処分庁の「身内」であることは変わりありませんから、この違いは大変大きいといわなければなりません。こういったシステムは、すでに、情報公開法上設けられていて（前出九三頁参照）、実際にも大変重要な機能を果たしてきたのですが、今回、それが、広く、行政上の不服申立て一般についても実現することになったわけです。

審査請求の審査庁は、審理員の意見書の提出を受けたとき、その審査請求を認める（認容する）かあるいは（審査請求が不服申立要件をみたしていないため）門前払い（却下）するのでない限り、法律の定めるところにより、行政不服審査会に諮問をしなければならないものとされています（法四三条）。ただ、この諮問を受けて審査会がおこなうのは、「答申」であって決定ではありませんから、それが審査庁を法的に拘束するわけではないのですが、こういった第三者機関がした判断というものが、審査庁に対して事実上大きな影響力を持つことは、いうまでもありません（ちなみに、先に見た「情報公開・個人情報保護審査会」のばあいには、審査庁が審査会の答申通りに裁決しなかった例は、きわめて少ないことが知られています）。

(2)　審理手続に関するその他の事項　新法では、そのほか、審理手続に関する規定を従来より一層詳細なものとしていますが、詳しいことは省略します。ただ一点、新法では、以上に見たような審理の公正化を図る一方で、迅速な審理の確保という見地から、行政手続法にならって「標準審理期間」という考え方を新たに明示した（法一六条）ほか、「審理手続の計画的進行（遂行）」ということが強調されていることに注目しておきましょう（法二八条、三七条）。これは、裁判所での訴訟手続などでもおなじことなのですが、あまりに審理しなければならない事項が多かったりまた複雑だったりするようないわゆる「ビッグ・ケース」の場合、あるいは、当事者がモタモタしていて主張や立証を手際よくおこなわないなどのことがあって、審理がいたずらに長引くことのないようにしよう、という話です。いうまでもなく、審理が長引くということは、そのこと自体、権利救済を求める者にとっては、大変不利益なことです。

教示制度

「教示」という制度については、もう先に行政事件訴訟の所で触れましたが、制度としては、行政不服審査法の方が先輩でしたので、詳しい説明は、後に譲ると致しました（前出二三二頁）。そこで、ここで改めて少し詳しく説明することにします。

以上見てきたように、不服申立ての中にもいろいろな種類のものがあって、しかも、どれをどういうふうにやったらよいのか、個別的な法律でいろいろと決まっているということになると、概括主義などといってみても、じっさい問題としては、しろうとには、不服があってもどうしたらよいのかよくわからない、ということになってしまわないでしょうか。そうして、ウロウロしているうちに、不服申立期間がすぎてしまって、もう、永久に不服申立てはできなくなってしまった、という事態がおこりうるかもしれません。しかも、取消訴訟の訴訟要件として、不服申立前置が定められているばあいも、無いではないのですから（前出二二二～二二四頁参照）、不服申立てができなくなってしまう結果、訴訟を起こすこともできなくなってしまう可能性も、無くはないわけです。こういうことを防ぐためには、結局、自分の権利を守るためにはどうすればよいのかということが、しろうとでもすぐわかるようなシステムになっていることが、ぜひとも必要なのではないでしょうか。

行政不服審査法の前にあった訴願法の時代には、まさにこういった悲劇がしばしばおこりました。そこで、行政不服審査法をつくった際には、これに対して、次のように、処分をする行政庁自身が、相手方である私人に対して、不服があるばあいにはどうすればよいかを前もって教える（教示する）義務を負う、というかたちで問題を解決することにしたのです。まず、法八二条一項では、行政庁は、不服申立てのできるなんらかの処分を書面でするばあいには、処分の相手方に対して、当該処分について不服申立てをすることができること、ならびに不服申立てをすべき行政庁および不服申立てをすることができる期間（不服申立期間）を教示しなければならないこととされています。また、同条二項では、これらの点について国民の側から教示を求めてきたばあいには、行政庁は、きちんと教示をしなければならないものとされています。さらにまた、ほんらいされなければならないはずの教示がされなかったばあい、また、教示はされたけれどもその内容がまちがっていたばあいなどには、以上見てきたような不服申立要件に対するさまざまの例外が認められて、行政庁のミスで私人の権利救済の道がふさがれることのないように、配慮されています（参照、法八三条、二二条、一九条など。なお、行政事件訴訟法一四条三項をも参照のこと）。

執行停止制度

現行法上、行政上の不服申立てについても、取消訴訟のばあいとおなじように執行不停止原則がとられています（行政不服審査法二五条一項）。そして、例外的に執行停止の道が開かれていること（同条二項～七項）も、まったくおなじです。ただ、行政上の不服申立てのばあいには、争いを裁断するのは裁判所ではなくて行政機関ですから、不服申立てに対する審査も、いわば、行政組織内部でのコントロールとしての性格を持つことになります。そうだとすると、取消訴訟のばあいには、司法権としての裁判所の立場上、そうかんたんには認められなかった例外としての執行停止も、かなりゆるやかに認めてもよい、ということになるでしょう。じっさい、法律上、たとえば、審査請求の審査庁が処分庁の上級庁または処分庁であるばあいには、取消訴訟のばあいとちがって、私人の申立てをまたず職権によっても執行停止をすることができることとされていますし（同条二項）、また審査庁がそれ以外の行政庁であるばあいについても、裁判所が執行停止をするばあいよりはその要件が緩和されている（同条三項——行政事件訴訟法二五条二項とくらべてみてください）、といった例が見られます（なお、逆に審査庁のばあいには裁判所のばあいと異なり、執行停止を義務づけられるケースがあること——同条四項——にも注意してください）。

なお、新法では、審理員が必要であると認めるばあいには、審査庁に対して、執行停止をすべき旨の意見書を提出できることが、定められました（法四〇条）。

第十四講　国家賠償法——その一

1　国家賠償制度の意義

国家賠償と行政争訟

さて、前講までに見てきたように、わが国の現在の法制度のもとでは、違法な行政活動がおこなわれたならば、私たちは、さまざまな方法で行政上の不服申立てや行政事件訴訟を起こして、これを是正しもとに戻してもらうことができるようになっています。けれども、違法な行政活動によって私たちがこうむる損害の中には、こういった行政争訟制度だけではどうにもならないものがあります。たとえば、先に第十講（一八五頁以下）で見た「即時強制」のばあいのように、たしかに行政庁による公権力の行使ではあるけれども、しかし「処分」が存在しないばあいには、原則として、抗告訴訟などの行政争訟制度によっては、その違法を訴えて争うことができません。また、たとえば自分の財産が行政行為によって他人の手にわたってしまったようなばあい（土地収用、農地買収、税金の滞納処分としての公売、など）に、この行政行為を違法として取り消してみても、もはや失われた財産を取り戻すことは不可能であるようなケースが、出てくるかもしれません（その間に財産の滅失があったり、民法の定める時効取得・即時取得などの制度が適用されて、法的に取り戻せなくなるようなばあいを考えてみてください）。そして、こういったように、もはやもとに戻してもらうこと（原状回復）ができない、ということになれば、結局、こうむった損害を、せめてお金によって埋め合わせてもらうという、次善の策を考えざるをえないことになるのではないでしょうか。国家賠償制度というのはなによりもまず、こういった意味で、行政争訟制度のはたらきがおよばないところを補い、「法律による行政の原理」の実現を、いわば裏から保障する、という意味を持つものなのだ、ということができます。

国家賠償と損失補償

このように、国家賠償というのは、違法な国家活動によって私人がこうむる損害に対して与えられる「損害賠償」なので、この意味で、先に見た（前出五四頁）「損失補償」とは、理論的に、またちがうものなのだ、ということになります。つまり、先に見たように、「損失補償」というのは、それ自体は法律上許されている公権力行使（たとえば土地収用法によって認められた収用裁決）によって私人が受ける損失に対して、「法律による行政の原理（の実現）」という目的とはべつの目的（「負担の公平（の実現）」）からして与えられるものなのだからです。このことは、すでに憲法の条文の上でもはっきりしていて、国家賠償制度は日本国憲法一七条にその基盤を持つのに対して、損失補償制度は同二九条三項に基づく、というちがいがあります（なお、損失補償について、よりくわしくは後の第十六講で説明します）。

国家賠償制度の沿革

他人に損害を与えれば、これを賠償しなければならない、というのは、とうぜんのことであって、それはふつうの市民のばあいであろうと国や都道府県・市町村など地方公共団体のばあいであろうと変わることはない、というのは、おそらく、こんにちではもう、ごくふつうの常識だといってよいでしょう。しかしこれは、ずっと昔からそうであったというわけではないので、たとえばわが国でも明治憲法時代には、国の違法な行政活動によって私人に損害が生じたとき、はたして、またどこまで国が賠償責任を負うのか、といったことについては、憲法はおろか、ふつうの法律でもこれを一般的に定めたものはなく、（個別的な法律に定めるわずかの例をべつにすると）原則的に、国の賠償責任は認められないこととされていたのでした。ただ、ドイツ法の影響を受けて、おなじ行政活動といっても、公権力の行使ではなく、国が、私人とおなじように単なる経済取引をおこなうにすぎないようなばあいには、民法を中心とした私法の規定の適用を受ける、という考え方が、学説・判例の上で早くからとられていましたから、こういった経済取引の分野をはじめとして、非権力的な行政活動のばあいには、国もまた民法七〇九条以下に定められている不法行為の損害賠償責任を負わされる、という可能性がありました。しかしこれに対して、いわゆる権力的行政活動（公権力の行使）によって私人が損害をこうむるようなケースについては、国や地方公共団体などの行政主体の賠償責任は、（個別の法律による例外的な定めがないかぎり）いっさい認められなかったのです。

こういった状況は、第二次世界大戦後、日本国憲法の制定とともに大きく変わりました。同憲法一七条は、公務員の不法行為によって私人が受けた損害について、法律の定めるところにより、国または公共団体が賠償責任を負う、ということを、はっきりと定めています。そしてこの規定を受けて、昭和二二年には、現在の「国家賠償法」が制定されたのでした。

国家賠償法

国家賠償法という法律は、国または公共団体の損害賠償責任について広く適用される基本的な法律（一般法）で、国または公共団体の損害賠償責任については、（ほかに特別法の規定によって例外が定められているばあいを別にすると）一般に国家賠償法が適用されることになります（同法五条）。ただ、この法律はたった六つの条文しか持っていませんから、とうぜんこれだけでは不十分なわけで、このように、この法律の規定だけではカバーされない問題については、民法の規定が適用されることになっています（同法四条）。国家賠償法それ自体は、基本的には、一条の「公権力の行使に基づく損害の賠償責任」と、二条の「公の営造物の設置管理の瑕疵に基づく損害の賠償責任」のふたつの種類の賠償責任について定めているだけですから、たとえば、国または公共団体が私法上の経済取引などをおこなうにあたって生じた損害の賠償責任については、現行法制度のもとでもやはり、（昔とおなじように）民法七〇九条以下の規定がそのまま適用されることになるわけです。

2　公権力の行使に基づく損害の賠償責任（国家賠償法一条）

国または公共団体の責任

国家賠償法一条一項では、「国又は公共団体の公権力の行使に当る公務員が、その職務を行うについて、故意又は過失によって違法に他人に損害を加えたときは、国又は公共団体が、これを賠償する責に任ずる」と定めています。ここでまず注目されるのは、公務員が違法な公権力行使をしたとき、それについて損害賠償責任を負うのは、その違法行為をした公務員自身であるのではなく、公務員のやとい主である国または公共団体（行政主体）である、とされていることでしょう。悪いことをしたのは公務員自身なのに、本人が賠償をしなくてよいというのは、おかしいではないか、という感じがするかもしれませんが、これはじつは、次のような（政策的な）考え方によるものなのです。まず第一に、被害を受けた私人の方から見て、かりに法律上損害賠償を求めることができるということになったとしても、加害者である公務員個人にその賠償金を払うだけのお金がなければ、結局泣き寝入りせざるをえないことになるわけですから、むしろ、やとい主である行政主体に対して賠償を請求する道が確保されている方が、（国や地方公共団体が倒産してお金を払えなくなるなどということはまずありませんから）確実にお金が取れる、という意味で、かえって有利だといえるでしょう。また、第二に、こんどは逆に、やとい主である行政主体の立場に立って見ると、どうでしょうか。かりに公務員自身が責任を負うこととすると、公務員は、うっかりすると賠償責任を負わされる、ということから、「さわらぬ神にたたりなし」で、すべてに消極的となり、やるべきこともやらなくなる可能性があるのではないでしょうか。もしそうなったとしたら、それは公共の福祉のために、決して望ましいことではないでしょう。

こうして、学説や裁判例は、おおむね、国家賠償法一条に基づく国・公共団体の賠償責任については、次のような考え方をしています。つまり、もともとは、違法な行為をした公務員自身が、民法七〇九条によって不法行為の賠償責任を負うのだけれども、こうして成立した損害賠償責任を、国家賠償法一条一項の規定によって、国や公共団体が代わってしょいこむのだ、という考えです（こういう考え方を、「代位責任説」といいます）。そしてまた、被害者としては、こうして国・公共団体から確実に賠償がえられるのだから、そうである以上、そのほかに、公務員自身に対してべつに民法七〇九条による賠償請求をするのを認める必要はない、と、考えられています（参照、最三判昭三〇年四月一九日民集九巻五号五三四頁）。ただ、あまりひどいばあいについては、いくらなんでも、公務員自身はまったくおかまいなし、というわけにもゆかないので、特に公務員に故意または重大な過失があったばあいには、被害者に対して賠償金を支払った国または公共団体は、その公務員に対して求償権を行使しうる（代わって払った分を返させる）こととされています（同条二項）。

国家賠償法一条の責任の成立要件

国家賠償法一条一項は、公務員の行為の結果国または公共団体に賠償責任が生じるための要件として、次のようなことがらを定めています。これらの要件が全部みたされたときでなければ、損害賠償は認められないわけです。

(1)　公権力の行使にあたる公務員の行為であること

ここにはさらに「公権力の行使」という言葉（要件）と、「公務員」という言葉（要件）とが出てくるわけですが、このうち、「公務員」の方については、あまり問題はありません。これまでの学説や判例では、だいたい、これは必ずしも国家公務員法・地方公務員法でいっているところのほんらいの意味での公務員にかぎられるのではなく、およそ「行政主体」（前出第二講参照）のために公権力を行使する、というふうに考えられるものであれば、広くここでいう意味での「公務員」にあたるのだ、と考えられています。だからたとえば、さまざまの独立行政法人の職員なども、国家賠償法の関係では「公務員」だとされることがありうるわけです。

ところが、これに対して、ここでいっている「公権力の行使」とはいったいどのような行為のことなのか、ということについては、大きな問題があります。ふつう「公権力の行使」といえば、これまで見てきたように、「行政行為」や「強制執行」、また「即時強制」などのように、相手がどういおうがゴリゴリとやってしまうハードな方法、つまり、やや専門的な言葉でいえば「一方的に命令し強制しあるいは法律関係・事実関係などを形成し変更する行政活動（いわゆる「権力的行政活動」）」のことだ、と考えられるのではないでしょうか。じっさい、以前は、国家賠償法についても、こういう考え方がされるのがふつうでした（こういう考え方を「狭義説」とよんでいます）。ところが、こんにちではむしろ、国家賠償法一条の解釈にかぎっては、「公権力の行使」というのはもっと広く考えるべきだ、という考え方（この考え方を「広義説」とよんでいます）が、学説の上でも判例の上でも、広くとられるようになっているのです。では「もっと広く考える」といっても、いったいどのくらい広く考えればよいのでしょうか。この点、これまでの学説では、だいたい、こんなふうにいってきています。

国家賠償法一条一項でいう「公権力の行使」とは、全国家活動のうち、私経済的活動を除くすべての公行政活動を含み、そのかぎりで、いわゆる「非権力的行政活動」もここに含まれる。

「非権力的行政活動」であっても「公行政活動」であるならば「公権力の行使」に含まれる、というのは、ほとんど禅問答みたいで、少なくともしろうとには理解するのがたいへんむずかしいですね。私自身、うまく説明する自信はあまりないのですが、重要なポイントはやはり、「公行政活動」という言葉と「公権力の行使」という言葉のちがいをしっかりと理解することだと思います。そこで、「公行政活動」とはいったいなにか、ですが、これは、もっぱら行政活動の目的に着目した言葉で、いってみれば「公益の実現を直接に目的とする活動」とでもいうことになるでしょう。

これはもうこの本のはじめの方で説明したことですが（一七頁以下）、国や地方公共団体などの行政主体が、国民（住民）全体の利益（いわゆる「公共の福祉」または「公益」）のために活動するとき、その方法は、必ずしも行政行為や強制執行などの権力的な方法だけにかぎられるわけではなくて、契約や行政指導、さらには、公の施設の建設作業のような事実行為など、いわゆる非権力的な方法によることの方が、むしろ多いわけです。そこで、こんにちの学説や判例の多くは、国家賠償法一条一項で問題にしようとしているのは、ほんとうは、権力的活動か非権力的活動かといった、活動の形式いかんの問題ではなくて、その活動が公益のためにおこなわれるかどうか、ということなのだ、と考えようとしているわけです。こういった考え方からは、たとえば行政指導にしたがった結果かえって損害をこうむってしまったばあいとか、あるいは、役所の自動車がオエライさんを送り迎えしている最中に人をひいたばあいとか、さらには道路工事によって沿道住民が損害を受けたばあい、など〳〵、（これらの行政活動はどれも、ほんとうの意味での「権力的活動」ではなく、「非権力的」な活動でしかないのですが）すべて国家賠償法一条の問題として取り上げよう、ということになります。

ただ、こういった「広義説」の考え方には、理論的に見れば、なお多くの問題が残されています。たとえば、まず、こうやって国家賠償法一条の射程距離を広げてゆくと、損害賠償についてのほかの制度との関係はいったいどうなるのだろうか、という問題があります。つまり、非権力的な方法でおこなわれる行政活動からおこる損害賠償問題については、国家賠償法一条のほかにも、あとで見る同法二条の「公の営造物の設置管理の瑕疵に基づく損害賠償責任」という制度もありますし、それからまた、民法七〇九条による不法行為の賠償責任というのもあるわけです。特に、民法との関係についていえば、右に見た広義説の考え方では、行政活動の中でも「公行政活動」でないもの、つまり直接に公益の実現を目的としないもの、は、なお民法の適用をうける、ということになるわけで、そういった例として、私的な経済取引行為（これも、じつはかなりわかりにくい言葉なのですが、要するに、たとえばもっぱら国家財政を豊かにすることなどを目的とする経済取引行為のことだ、と考えればよいでしょう）があげられるわけですが、でも、たとえば国家財政を豊かにするということは、それ自体ひとつの「公益」だ、とはいえないのでしょうか。こういったこともあって、「公行政活動」と「そうでない行政活動」との区別というのは、じつはかなりむずかしいことなのではないか、という気がします。それからまた、「広義説」の考え方についていては、そもそも法律自体ははっきりと「公権力の行使」といっているのに、これをいわば「公益の実現」というふうに読み替えようということ自体、無理ではないのか、といった問題もあります。じつは「広義説」は、被害者にとっては、「狭義説」によるよりも、広義説によった方が有利な結果になるのだ、という理由で、こんな無理をしようとしているのですが、ほんとうにそうかどうかはかなり微妙な問題であるのみならず、損害賠償法にはそれなりの全体としてのシステムがあるわけで、ただ被害者に有利だから、ということだけから、このシステムのバランスを崩してしまってよいものかどうか、じつは私自身は（こんにちではもはや完全に少数説なのですが）、広義説の考え方に対しては、以前からかなりの疑問を抱き続けてきています。

⑵　公務員がその職務を行うについて損害を与えたものであること　ここでいっている「職務を行うについて」とは、「職務上の行為」そのものでなくともよく、ただ「職務行為の外観」があればそれでよいのだ、とするのが（いわゆる「外形理論」）、学説・判例でこんにち広く受け入れられている考え方だといってよいでしょう。たとえば最高裁は、もう早くからこういう考え方を採用してきています。昭和三一年に出された有名な判決では、最高裁は、金に困った警視庁の警察官が非番の日に警察官の制服・制帽を着用し、銀行から出てきた市民に職務質問をよそおって接近し、あげくのはてに当人を射殺し、金を奪って逃走した、というなんともすさまじい事件で、東京都の賠償責任を認めた高裁判決を支持したのですが（最二判昭三一年一一月三〇日民集一〇巻一一号一五〇二頁）、それは、国家賠償法一条について、「同条は公務員が主観的に権限行使の意思をもってする場合にかぎらず自己の利をはかる意図をもってする場合でも、客観的に職務執行

の外形をそなえる行為をしてこれによって、他人に損害を加えた場合には、国又は公共団体に損害賠償の責を負わしめて、ひろく国民の権益を擁護することをもって、その立法の趣旨とするものと解すべき」ものである、とする考え方によるものでした。

(3)　公務員に故意または過失があること

先にも見たように、国家賠償法一条は、国または公共団体に賠償責任を負わせることにしていますが、ただ、そのための前提要件として、違法な行為をした公務員に「故意又は過失」があった、ということを必要としています（これを「過失責任主義」といいます）。このことは、先に見た「代位責任説」の考え方からするならば、しごくとうぜんのことだといわなければならないでしょう。なぜならば、この考え方では、国や公共団体に賠償責任が成立するためには、ひとまず公務員自身の（民法七〇九条に基づく）賠償責任が成立することが前提となるわけで、公務員自身に賠償責任が成立するためには、本人に故意または過失がなければならないということは、すでに民法七〇九条自体もまた定めていることだからです。

けれども、この「故意・過失」という要件、とりわけ「過失」の要件については、これまで学説・判例の上で、これをあんまり厳格に考えないようにしようとするくふうが、いろいろなかたちでされてきています。たとえば学説の中には、同法一条の賠償責任は、先に見たような「代位責任」であるのではなくて、国や公共団体の「自己責任」である（つまり、国や公共団体は、公務員の責任を代わって負うのではなくて、自分自身のほんらいの責任として、賠償責任を負う）、というふうに考えて、その結果、ここで公務員の「過失」というのも、厳密な意味での公務員個人の過失であるのではなく、より広く、いわば、行政活動の一種の瑕疵（ミス）のことなのだ、としようとするもの（いわゆる「自己責任説」）があります。こうなってきますと、そこでいう「過失」とは、次に見る「違法性」の要件とあまりちがうものではないことになるでしょう。

また、〝公務員自身に過失があった〟ということを厳密に考えるならば、損害をこうむった私人が国または公共団体に対して賠償を求めるにあたっては、いったいどの公務員のどういった行為によってその損害が生じたのか、ということを、はっきりさせなければならない（主張・立証の上での、公務員およびその行為の特定）ことになるわけですが、この点についても、こんにちでは、あまり厳格に考えすぎないよう、配慮がされるようになっています。たとえば最高裁の判例にも、「国又は公共団体の公務員による一連の職務上の行為の過程において他人に被害を生ぜしめた場合において、それが具体的にどの公務員のどのような違法行為によるものであるかを特定することができなくても、右の一連の行為のうちのいずれかに行為者の故意又は過失による違法行為があったのでなければ右の被害が生ずることはなかったであろうと認められ、かつ、それがどの行為であるにせよこれによる被害につき行為者の属する国又は公共団体が法律上賠償の責任を負うべき関係が存在するときは、国又は公共団体は、加害行為不特定の故をもって国家賠償法又は民法上の損害賠償責任を免れることができないと解するのが相当」としているものがあります（最一判昭五七年四月一日民集三六巻四号五一九頁）。

(4) 違法に損害を加えたこと

国家賠償責任は損害賠償責任であるわけですから、それが成立するためには公務員による公権力行使が違法でなければならないので、この点が「損失補償」とちがうのだ、ということは、先にすでに説明しました。このかぎりでは、問題はまったくないのですが、ただ最近では、それから先に、ちょっとやっかいな問題が出てきています。それは、一口でいうと、国家賠償法一条でいう「行政活動の違法性」とは、これまでこの本で見てきたような、「法律による行政の原理」に対する違反、そしてまた、それだからこそ行政上の不服申立てや行政訴訟によって攻撃することができ、行政処分の取消原因となる「処分の違法性」と、まったくおなじものなのかどうか、ということなのです。たとえば最高裁は、ある時期から、おおむね、〝国家賠償法一条一項でいう違法とは、ただ、公務員のある行為が法律に違反している、というだけではなくて、それが公務員の職務上の義務に違反しているばあいでなければならず、しかもその職務上の義務というのが、被害者個人に対して負わされているものでなければならない〟という考え方をとるようになっています（参照、最一判昭六〇年一一月二一日民集三九巻七号一五一二頁、最二判平元年一一月二四日民集四三巻一〇号一一六九頁、最一判平五年三月一一日民集四七巻四号二八六三頁。このような考え方を「職務義務違反説」とよぶことがあります）。これはいったいどういう意味なのでしょうか？

行政活動が違法だからといって、それだけで必ず権利救済がしてもらえるとはかぎらない、ということは、これまでにもう勉強したことでした。たとえば、第十二講で見た（二二四頁以下）、取消訴訟（抗告訴訟）の原告適格の話を思い出してみてください。行政事件訴訟法の九条では、処分が違法であっても、その処分が取り消されることについての「法律上の利益」がない者（ばあい）は、取消訴訟を起こすことができない、とされていたのでしたね。そして、そこでいう「法律上の利益」とは「法律によって保護された利益」でなければいけないので、単なる「反射的利益」ではだめだ、というのが、最高裁などがとっている考え方でした。国家賠償法一条の「違法」についての、右に見たような最高裁の考え方も、この考え方によく似ています。つまり、法律が、公務員に、ある私人を保護することをその職務として義務づけていて、その法律の規定に違反したときでなければ、救済はしてもらえない、というわけだからです。ただし、取消訴訟のばあいには、かりに処分が（実体法上）違法である、ということ自体ははっきりしていても、それとは別にだれが、この違法な処分の取消しを求める（手続法上の）権利を持っているか、という話だったのですが、国家賠償法のばあいには、その行為自体がそもそも（実体法上も）およそ違法とはみなされないことになる点で、大きなちがいがあります。

先に見たように、国家賠償制度というのは、いわば「法律による行政の原理」を裏から保障する、その意味で私人の権利救済のための最後の手段なのだ、という、もともとの考え方からすると、これはどうもちょっとおかしいのではないか、という気がします。取消訴訟だったら違法とされる行為が国家賠償だったら違法ではない、というりくつは、なかなかわかりにくいのではないでしょうか。私自身は、どうも、最高裁などの考え方は、公務員の「過失」の問題だとか「因果関係」の問題だとかいった、「違法性」の問題とはほんらいちがう問題を、全部いっしょくたにして「違法性」の問題の中に持ち込んでしまっているので、ほんらい、もっときちんとした考え方の整理が必要なのではないか、というふうに考えています。

残された問題

さて、国家賠償法一条の責任が成立するための要件を見てゆくと、おおむね以上のようになるわけですが、これをもっとくわしく検討してゆくと、さらにいろいろな問題があることがわかってきます。

たとえば、(独立行政法人である場合も含めて) 国公立病院に勤めている医師が、診断を誤った(いわゆる「誤診」) 結果、治療方法をまちがって、患者が死んでしまったようなばあいを考えてみましょう。国公立病院での診断とか治療とかいう行為は、ほんらいの意味では「公権力の行使」とはいえないと思いますが、現在広くとられている先に見た「広義説」のような考え方を進めると、国家賠償法一条でいう「公権力の行使」の中にふくまれる、という考え方もできなくはなさそうです。また、そもそも医師が人を死なせてよいはずはありませんから、このばあい、

「違法な」公権力の行使があった、というふうに考えることもできるでしょう。しかし他方で、その医師は、その当時の医学の最高水準にしたがって、最善をつくしたのだけれども、たいへんむずかしい事例で、結局はほんとうの病因を見抜くことができず、右のような不幸な結果になってしまった、ということであったとしたならばどうでしょうか。このばあい、この医師に過失があったとは必ずしもいえないので、したがってまた賠償責任も成立しない、ということになるのではないでしょうか。ところが他方で、この医師の行為（人を死なせたこと）が「違法」である以上は、損失補償を受けることもできないことになります。なぜならば、（前に見たように）損失補償というのは、その行為が適法な行為であることを前提としている制度だからです。そこで結局、こういったケースでは、被害者はいわば国家賠償制度と損失補償制度といったふたつの救済制度の間の谷間に落ち込んでしまうことになるわけです。これがふつう「違法無過失」のケースといわれている、むずかしい問題なのです。

このばあい、かりに、「そもそも医師というのは、その当時の医学の水準にしたがって全力をあげて患者の診断・治療にあたるべきことを法的に義務づけられているだけなのであって、必ずしも、いついかなるばあいにも患者を死に至らしめてはならないという法的義務まで負わされているのではない」という考え方ができるとするならば、右に見たようなケースはそもそも「違法」のケースとはならない、ということになるでしょう。ただ、そうなると、ここでは「違法性」の問題と「過失」の問題とがいっしょになっているわけで、そこから、そもそもこのふたつの要件は、正確にはいったいどのような理論的関係に立つのか、といったむずかしい問題が出てくることになります。

また、かりに、右のようにこのケースでの医師の診断や治療はそもそも違法ではなかった、とすると、被害者は国の適法行為によって被害を受けたことになるわけですから、それならば、いまや損失補償を求めることができることになるのではないか、とも考えられましょう。ただこの点、問題なのは、損失補償制度について定めている憲法二九条三項の規定は、直接には私人がその「私有財産」についてこうむった損失の補償についてだけ定めているのであって、人身の被害もまたこれによってカヴァーされうるのかどうか、については、必ずしもはっきりしない、ということなのです。

国家賠償法一条による国の賠償責任については、現在、こういった問題をはじめとして、数多くの、たいへんにむずかしい問題が、学説や判例によって提起され、議論されるようになっています。こういった問題について勉強することはしかし、もはや行政法入門の枠を越えることになるでしょう。関心のある方は、どうぞ、より専門的な書物で、いっそうの勉強を進めてください。

第十五講　国家賠償法——その二

3　公の営造物の設置または管理の瑕疵に基づく損害の賠償責任（国家賠償法二条）

国家賠償法二条一項は、「道路、河川その他の公の営造物の設置又は管理に瑕疵があったために他人に損害を生じたときは、国又は公共団体は、これを賠償する責に任ずる」と定め、また、同二項は、「前項の場合において、他に損害の原因について責に任ずべき者があるときは、国又は公共団体は、これに対して求償権を有する」というふうに定めています。

無過失責任

そこでまず注意していただきたいのですが、この条文では、国または公共団体に賠償責任が生じるための要件として、「公の営造物の設置又は管理に瑕疵があった」ことだけを必要としていて、一条のばあいとはちがい、必ずしも、瑕疵があったことについて設置者ないし管理者に「故意又は過失」があった、ということを前提としてはおりません。そこでこれまで一般に、二条の賠償責任は一条の責任とはちがって「無過失責任」を定めるものである、という説明がされてきました。たとえば最高裁も、もう早く昭和四五年に、有名な「高知県国道落石事件判決」（最一判昭四五年八月二〇日民集二四巻九号一二六八頁）で、はっきりと、次のようにいっています。

「国家賠償法二条一項の営造物の設置または管理の瑕疵とは、営造物が通常有すべき安全性を欠いていることをいい、これに基づく国および公共団体の賠償責任については、その過失の存在を必要としないと解するを相当とする」。

こういった考え方によれば、要するに、問題となった営造物自体に「通常有すべき安全性」が欠けている、という客観的な事実がありさえすれば、賠償責任が生じるので、たとえば、道路の管理者（国や公共団体の職員）が不注意に補修や管理をサボっていたかどうか、といったような、管理者の側の事情はいっさい考慮されない、ということになります。具体的な例でいうとたとえば、国道の建設を請け負った土木建設業者が手抜き工事をしたために道路に穴があいて、通行人がおっこちてけがをした、といったようなケースで、かりにこの業者がはなはだ悪質巧妙で、国としては一生懸命に監督をしていたのだけれど、この手抜きを見抜いてなおさせることは、およそできない相談だったのだ、というような事情にあったとしても、被害者に対しては国が賠償責任を負い、これを支払わなければいけないのだ、というわけです。これでは悪徳業者は丸もうけではないか、という感じがするかもしれませんが、もちろん業者に対しては、国は、同条二項の規定によって、払った分を返させる（求償権を行使する）ことができます。けれども、被害者に対しては、「悪いのは業者なのだからわしゃ知らん」というふうにはいえないわけです。

被害者にまちがいなく救済を与える、ということからすれば、こういったシステムになっていることの意味は十分わかりますし、それはそれで、ひとつのうまい解決方法だ、ということもできるでしょう。ところがじつは、この問題は、もっとくわしく考えてゆくと、必ずしもそうかんたんな問題ではない、ということがわかってきます。それは、次に見るように、この条文がいっている「瑕疵」という言葉の意味をどう考えたらよいのか、という問題があるからなのです。

「通常有すべき安全性」

右に見た最高裁の判決は、設置又は管理の瑕疵とは、「営造物が通常有すべき安全性を欠いていること」をいう、といっています。それでは、ここでいう「通常有すべき安全性」とはいったいどんなことなのでしょうか。

たとえば、大雨が降って洪水が出て、堤防が壊れてしまって付近の民家に大きな被害が出た、というようなばあいを考えてみましょう。このばあい、堤防自体はもともと科学技術の粋を尽くした完ぺきなものであったはずなのに、およそ起こりうるとは前もって想像もできなかったような大規模の洪水が出て、その結果崩壊してしまったのだ、といったようなことだったとしたら、そもそも、堤防に「通常有すべき安全性」が欠けていた、とはいえないのではないでしょうか。

このように、自然災害によって公の営造物が崩壊した結果生じる損害の賠償責任については、はたしてその自然災害が前もっておよそ考えられない（予見することができない）ようなものだったかどうか、ということが、いつも問題になります。それからまた、かりに、そういった自然災害が起こりうるということ自体は予想されえたとしても、現在の科学技術ではこれを完全に防ぐような営造物をつくるのは不可能である、とか、あるいは、技術的には不可能ではないにしても、お金がものすごくかかって、現在の行政主体の財政力をもってしては、とうてい無理だ、というような事情があったとしたら、それでも、崩壊した以上は営造物に「通常有すべき安全性」が欠けていた（瑕疵があった）のだ、とはいえないのではないか、といった問題も出てくるでしょう。

こういった問題も含めて、いったいなにが国家賠償法二条でいう「瑕疵」にあたるのか、ということについては、これまでに、もうずいぶんたくさんの裁判判決が出ていて、そこで裁判所がとっている考え方も、はなはだ多様です。

たとえば、右に見た「財政上の限界があってとても無理だった」ということを理由に、国や公共団体が賠償責任を免れることができるか、という問題については、最高裁は、道路の管理の瑕疵については「できない」といったのですが（前出の高知県国道落石事件判決）、河川の管理の瑕疵については「できる」といっています（最一判昭五九年一月二六日民集三八巻二号五三頁――大東水害訴訟判決）。

また、これも先に見た、「そういう災害（事故）が生じうるということが、前もっておよそ考えられなかったか（予見できなかったか）どうか」という問題ですが、これはつまり、「予見することができたにもかかわらず安全確保のための措置をとらなかったのだとしたならば、営造物の設置または管理に瑕疵があったものということができるだろう」という考え方を前提としてのことですね。そうだとすると、この問題は、「かりに予見ができたとしても、はたして管理者にこのような措置をとる余地がありえたかどうか」という問題にもつながってゆくわけです。ところでこの点、たとえば最高裁は、道路の管理の瑕疵の問題をめぐって、道路中央線付近に故障した大型自動車が長時間にわたって放置され、道路の安全性がいちじるしく欠けている状態であったというケースでしたが、こういったばあい、道路管理者が、道路をきちんと巡視して応急の事態に対処することができるような監視体制をとっていなかったために、このことを知らず、道路の安全性を保持するために必要とされる措置をまったく講じていなかった以上は、道路管理に瑕疵があったというしかない、としています（最三判昭五〇年七月二五日民集二九巻六号一一三六頁）。それからまた、道路管理者が、工事中であることを示した工事標識板、バリケードおよび赤色ランプを設置していたのだけれども、これらが事故の直前にやって来たほかの車によって倒され、赤ランプが消えたままになっていた、というケースでは、時間的に見て、道路管理者が、現場をもとの状態にもどし、道路を安全な状態に保つことはできなかった、という理由で、道路の管理に瑕疵はなかった、としています（最一判昭五〇年六月二六日民集二九巻六号八五一頁）。こういうことになってくるとしかし、これらのケースでは結局、道路管理者に「過失」がなかったかどうかということが問題にされているのとおなじことではないか、という疑問が出てこないでしょうか。つまり、営造物の設置・管理ということは、じっさいには、だれか特定の人間の、なんらかの具体的な行為によっておこなわれるわけですから、はたして、またどこまで、こういった人たちが損害を防ぐことができただろうか、ということが問題とされるかぎり（とりわけ「管理」の瑕疵については、この問題は必ず出てくることになるはずです）、右に見たように、設置・管理にあたる者にどこまでのことを期待しえたか（期待可能性）という、当人についての主体的（主観的）なことがらもまた、問題とされざるをえなくなるわけです。

このように、営造物が「通常有すべき安全性」を欠いているかいないかということは、どうも、スッパリと明確な基準によって決められるようなことがらではなくて、そこにはいろいろとちがった、さまざまな要素が関係してくることを認めざるをえないようです。こうして最高裁も、現在では、結局のところ「営造物の設置又は管理に瑕疵があったとみられるかどうかは、当該営造物の構造、用法、場所的環境及び利用状況等諸般の事情を総合考慮して具体的個別的に判断すべきものである」という、かなりあいまいな考え方を出発点とせざるをえなくなっているのです（最三判昭五三年七月四日民集三二巻五号八〇九頁。なお前出の大東水害訴訟判決をも参照してください）。

さて、国家賠償法二条では、「公の営造物の設置・管理の瑕疵」を問題にしているわけですが、そもそもここでいう「営造物」とは、正確にいってどんな物のことなのでしょうか。この点、法律の条文では、道路・河川が例にあげられているわけで、もともとは、それは、不動産であり、ほぼ民法でいっている「土地の工作物」（民法七一七条）に似たようなものを意味するものだったといってよいと思います。また、じっさいに裁判例などで問題になっているのも、ほとんどはこういったケースです。ただ、下級審（地方裁判所・高等裁判所）の判例の中には、ここでいう「営造物」とは、広く「行政主体によって直接公の目的に供される有体物または物的設備」のことを意味するのだ、とするものが、ときどきあります。こういった意味で、たとえば、公用の自動車だとか、国有林での刈払作業にもちいる刈払機などが、ここでいう営造物にあたる、とされた例があります。また、学説の中にも、この点、さらに積極的に拡大解釈を進めて、たとえば警察犬などもここでいう営造物に入る（警察犬にかみつかれると、公の営造物の管理に瑕疵があった、ということになる）、とするものすらあります。

「営造物」の観念

そこで、かりにこのような考え方を進めていくとすると、たとえば警察官のピストルなどもここでいう営造物、ということになってしまうわけで、警察官がピストルをまちがって撃って市民を死なせたり傷つけたりしたようなばあいも、営造物の管理の瑕疵に基づく損害だ、ということにもなるでしょう。しかし、こういったケースは、ほんらいは国家賠償法一条の、公権力の行使による損害の賠償責任の問題となるはずのものではないでしょうか。こんなふうに、国家賠償法二条の適用範囲を拡大して、一条ですでにカバーされるはずのケースにまでこれをおよぼそうとする試みがなされるのは、先に見たように、一条の責任は過失責任であるのに対し、二条の責任はほんらい無過失責任である、と考えられてきたことから、被害者にとっては、二条が適用される方が有利である（つまり、「過失がなかった」という理由で国や公共団体が賠償責任を逃れることを許さないから）、という考え方があるからです。けれども、以上に見てきたように、一条は過失責任だが二条は無過失責任、ということ自体、少なくともこんにちではかなりあやしくなってきているわけで、こんな無理な拡張解釈がほんとうに必要なのかどうかということは、こういった点からしてもかなり問題であるように思います。

4　そのほかの被害補塡制度

「違法無過失」の問題

行政活動の結果、私たちがなんらかの被害をこうむったとき、これをお金でもって埋め合わせてもらえる法制度として、現在のわが国にあるのは、（民法の不法行為や債務不履行などの制度が適用されるばあいをべつにすれば）おおむね、以上見てきた国家賠償制度（憲法一七条、国家賠償法）と、それから損失補償制度（憲法二九条三項、土地収用法など。くわしくは、第十六講で説明します）のふたつだ、ということになります。ただ、こういったふたつの制度が適用されるためには、これまで見てきたように、それぞれ、みたされなければならないさまざまの要件があって、その結果、どっちの制度の適用をうけることもできなくなるケースが出てきてしまう、という問題があります。こういったケースの代表的な例が、公務員の、違法ではあるけれども過失のない行為（違法無過失な行為）によって被害が生じるケースであることは、もう前講で説明しました。こういったケースについて、それはしかたがないことなのだ、といっていてよいのか、という問題があるわけですが、この点これまで、学説や判例では、（あるばあいには、無理を承知でも）いろいろなくふうがされてきました。たとえば国家賠償法一条でいっている「過失」という言葉の意味を、できるだけゆるやかに広げて考える方法とか、あるいは、先に見たように、国家賠償法二条が適用される範囲を広げて考える方法（たとえば「営造物」という言葉の拡大解釈）、さらには、損失補償制度を、ほんらいの守備範囲をこえて、より広い範囲に適用しようとするやり方（たとえば、憲法二九条三項を財産権以外の権利に対しても準用するなど）、などがそうです。けれども、法律の解釈論の枠内でこういった問題を解決しようとすることには、どうしても限界があるわけで、結局はどうしても、これまでとはちがう新しい考え方をとった上で、法律の規定自体を変えてゆく以外にはないのです。

「結果責任」を認める立法

そういった「新しい考え方」とはつまり、「結果責任」を認める考え方だ、といってよいでしょう。「結果責任」というのは、なんらかの被害が生じたときに、それが違法な行為によるものか適法な行為によるものか、とか、過失によるものであったかそうでなかったか、といったように、被害の原因がどうだったのかを中心としてものを考える（これまでの国家賠償制度とか損失補償制度とかは、まさにこういう考え方をしているわけです）のではなく、ともかくも、なんらかの国家活動・行政活動によってある被害が生じている、という結果そのものを重要視して、国または公共団体にこれを埋め合わせる責任を負わせようとする考え方だ、ということができます。

じつは、こういった考え方に基づいてできている法律も、現在のわが国にはないわけではないのです。たとえば「刑事補償」という制度があります（憲法四〇条、刑事補償法）が、これなどは、いわばそのような一例だといってもよいでしょう。刑事補償というのは、ほんとうは無実であったのに、裁判の結果有罪であると判決されたり（いわゆる「誤判」）、また被疑者として抑留・拘禁等を受けた、といったような事実があったときにおこなわれる補償なのですが、こういったばあいに、もしふつうの国家賠償を求めようとするならば、たとえば、裁判官が誤判をした際に、はたして過失があったかどうか、といったことが問題とされることになるでしょう。そして、裁判でのクロかシロかの判断ははなはだむずかしい微妙な問題であることが多いということは、皆さんもご承知のとおりで、そこで、かりに誤判であったとしても、裁判官には過失がなかった、ということになってしまうことも、少なくないでしょう。しかしこの刑事補償のばあいには、そういったことはいっさい問わず、およそあとで無罪判決がなされ、それが確定したばあいには、ともかくも結果的に誤判であり、また無実の者の抑留・拘禁であった、という事実そのものに着目して、補償金が支払われるわけです。

ただ、刑事補償は裁判など、司法活動に関するもので、行政活動とは直接の関係はありません。しかし、行政活動についても、こういった例はまったくないわけではないので、たとえば消防法六条二項で定めている「補償」などはそれだ、といってよいでしょう。この制度は、火災の予防だとかあるいは人命の危険を防止するなどの目的から、防火対象物（建物）の改修・除去などの下命がなされたばあい（同法五条）、あとで、これが裁判判決によって（違法だとして）取り消されるようなことになったときには、この下命にしたがった結果生じた損失に対して、時価でもってこれを補償する、というものです。これはどういうことかというと、火災予防といった目的からおこなわれるこういった下命は、なんといっても、ともかく早く出される必要があるので、「そういうことをやって違法にならないだろうかどうだろうか」というようなことを時間をかけて慎重に検討したあげくようやっと出されるというようなことでは、手遅れになってしまうかもしれない。だから、ともかくも早くやらせると同時に、他方では、もしそれが違法だったということになったばあいには、こういった行為をした際に過失があったかどうかといった、行政機関の側の事情はいっさい問題としないことにし、ただ、その行為が裁判判決によって取り消された、という事実により、結果的に違法な行為による損害ということになった、ということを理由に、その「損失」を「補償」することにしているわけです（ですから、このばあい、法律の条文では「損失」の「補償」という言葉が使ってありますが、これは先に見た、ほんらいの意味での損失補償――つまり適法行為に基づく損失の補償――とは、ちょっとちがうわけです）。似たような例はほかにもないではありません（たとえば、国税徴収法一一二条二項では「損失」の「賠償」という用語法をしています）。けれどもこれらは、なんといってもほんとうの例外でしかないわけで、それだからこそ、ともかくも現に存在している国家賠償制度などの拡大解釈によって、なんとか、ほんらいならば救われないことになるはずの被害に対してもできるかぎりの救済をしようというくふうが、学説や判例の上で、いろいろとなされているわけです。

5　さまざまな制度の間でのバランスの必要

こういったようなくふうをすることは、それとして、もちろんだいじなことだと思います。けれども、国民の権利救済の道が、とにもかくにも国家賠償制度を拡大することによってだけ広げられようとするのでは、やはり問題があるのではないでしょうか。いちばんだいじなことは、そもそも違法な行政活動による被害を出さないことなので、この点で、わが国のこれまでの法制度や法理論は、どうも少しかたよりすぎていたのではないか、という気がします。わが国のばあい、たとえば、新幹線だとか、空港だとか、高速道路だとか、ともかく施設を先につくってしまってから、騒音公害だとかなんだとかで、あとで騒ぎがおこり、国家賠償だ、ということになります。また、スモンだとかエイズだとか、被害が出てしまってから、役所の監督が足りなかった、といって、賠償騒ぎになります。でもほんとうは、こういったばあい、そもそも、施設をつくる前に、みんなの意見を聴いて、利益を前もって調整するシステム（行政の事前手続や土地利用計画など）、また、薬害などの被害が出る前に、サボっている行政機関の尻をたたいて、ちゃんと業者を監督させるようにするシステム（義務付け訴訟など）を、より充実する必要があったのではないでしょうか。これからのわが国では、こういったことにもっと重点を置くべきで、これまでのように、なんでもかんでも国家賠償というやり方は、あらためなければいけないのではないだろうかと、私は思います。こういった意味でも、義務付け訴訟等を正面から認めた平成一七年の行政事件訴訟法改正は、たいへん大きな意味を持つものだったということができます。

第十六講　損失補償

1　基本的な考え方

「国家賠償」と「損失補償」

前講で見た「国家賠償」と一見似ているけれども、じつはその内容も理論的な基礎も大きくちがう「損失補償」という制度があるということについては、もう先に何度か触れました（前出五四頁、二五四頁）。ここでもう一度整理してみると、国家賠償は、公務員の違法な行為によって国民が損害を被ったときに、そのことを理由として賠償がされる制度（損害賠償）であるのに対して、損失補償は、もともと法律によって認められている行為（適法な行為）によって国民の財産に損失が生じたときに、その損失を埋め合わせようという制度のことでした。たとえば、自分の土地が道路や空港などの公共施設を建設するため強制的に取り上げられてしまうとき（土地収用。このようなことが許されるのは、土地収用法という法律によってそれが認められているからです）に補償金がもらえるのが、その代表例ですね。

適法な行為であるのになぜこのような埋め合わせをしなければならないかといえば、それはいうまでもなく、いくら法律で決めたからといっても、一方で、建設された空港や道路を利用することによって利益を得ている大勢の人たちがいるのに対して、特定の人だけがタダで土地を提供させられるというのでは、あまりにも不公平だからです（こういった意味で、私は先に、損失補償というのは、「法律による行政の原理を貫徹するだけでは十分に保護されない国民の利益がある」という意味で、法律による行政の原理の「限界」を示す一例だ、というように説明しました。本書五四～五五頁）。

たとえば、用地を取得するために損失補償が支払われて公共施設ができあがると、それを利用する人たちは、道路通行料や運賃などを支払うことによってそのコストの一部を負担することになります。また、国の財源が使われることで、広く国民が、税金という形でコストの一部を負担することになります。こうして、損失補償という制度は、公の利益を実現するため、結果的には皆が平等な負担をすることになることをねらった全体としての仕組みの中の、一部分であることになるわけです。

現行法上の根拠

前講で見たように、わが国の現行法上、国家賠償については、その根本に憲法一七条の規定があって、さらにこれに基づいてくわしいことを定めた国家賠償法という法律があるのですが、損失補償については、憲法二九条三項という大本の規定があるものの、国家賠償法に相当するような一般的な法律の規定はありません。ただ、土地収用について定める土地収用法が、損失補償についてもくわしい規定を置いているほか（六八条以下）、たとえば都市計画法、自然公園法といったかずかずの法律によって、指定された特定の区域（たとえば国立公園など）内の土地につき利用制限をおこなう場合などについて、損失補償が必要なことが個別的に定められています。

問題は、土地収用法をはじめとするこれらの法律上の規定は、「公務員の違法な公権力行使」一般を対象としている国家賠償法一条の規定などとはちがって、損失補償が必要となるばあいを網羅的に定めているわけではないことです。たとえば、ある法律が、財産権の利用を制限することを行政庁に許していて、憲法二九条三項に照らせば当然損失補償がされなければならないと考えられるのに、損失補償が必要であるということについては何も書いていないというような場合、はたして、損失補償はもらえるのでしょうかもらえないのでしょうか？　この点は、じつは、理論的にもまた実際上も、たいへん難しい問題なのですが、わが国では、昭和四三年一一月二七日の最高裁大法廷判決（「名取川砂利採取事件判決」刑集二二巻一二号一四〇二頁）以来、「もらえる」という考え方、つまり、このばあい権利制限を認める法律の規定は違憲無効とはならない（つまり権利制限自体はできる）けれども、直接憲法二九条三項の規定を引き合いに出して損失補償を請求することができるのだ、という考え方が採用されてきています（これに対して、たとえばドイツなどでは、まったく逆に、こういった場合には補償について定めていない法律の規定自体が違憲無効となるので、そもそも権利制限そのものができなくなるのだ、という考え方がとられています）。

2　損失補償の要件

「特別偶然の損失」　憲法二九条三項は、私有財産を「公共のために用ひる」ばあいには損失補償が必要であるということを定めています。「公共のために用ひ（い）る」というのは、たいへん広い意味で、強制的に取り上げるばあい（公用収用）だけでなく、利用を強制的に制限するばあい（公用制限）、権利は取り上げないけれど、強制的に使用するばあい（公用使用）など、およそ私有財産に何らかの不利益が強制的に課せられるようなケースは、一般的にこれにあたります。ただ、注意しなければならないのは、それは必ずしも、「私有財産に何らかの不利益が強制的に課されるばあい」にはすべて損失補償が必要とされるという意味ではない、ということです。

話がいささかややこしくなってきました。以下にくわしく説明しましょう。

たとえば税金を例にとってみましょう。税金は「私有財産に何らかの不利益が強制的に課されるばあい」にあたらないでしょうか？（もっとも、強制的に取ったお金〔税金〕をまたお金〔損失補償〕で返すというのはいかにもナンセンスだといえましょうが、たとえば相続税の物納などというものもあります。）それからまた、刑法上の罪を犯した者に罰金が科せられたり、犯罪に使った凶器を没収されたりするばあいなどはどうでしょうか？　こういった例で、納税者や犯人に損失補償をするのがいかにもおかしいということは、（屁理屈をこねる小生意気な小学生や中学生でない限り）誰にでもわかることでしょう。でも、いったいどこがおかしいのでしょうか？　それはいうまでもなく、損失補償というのは、はじめに見たように、もっぱら「負担の公平」を実現するための制度であるからです。

税金というのは本来、国民全員が、その税金を負担する能力（担税力といいます）に応じて、法律の定めるところにより国（地方税の場合であれば、地方公共団体）の経費にあてるためのお金を負担するための制度であるわけですから、その意味ではみんなが被る不利益なのであって、特定の人だけが受ける不利益であるわけではありません。それから、殺人や窃盗など法律で禁じられている行為をしてはいけないということは、およそ人間社会が成り立ってゆくためには、社会の構成員全員が守らなければならないルールであるわけですから、それに違反したときに処罰としての経済的な不利益を受けるということは、これまた、誰にも共通であって、特定の人についてのみ課せられた負担であるとはいえないわけです。こういった例は、たまたま、空港建設が計画された場所に土地を持っていたために、これを強制的に取り上げられるばあいとは、状況が大いにちがいます。こうして、従来、損失補償の対象となる私有財産上の損失とは、およそ損失一般というわけではなくて「特別偶然の損失」でなければならないのだ、という考え方が、広く採用されてきました。でもいったい、何がそういう意味での「特別偶然の損失」といえるのでしょうか?

「財産権の内在的制約」

たとえば、家を新築しようとするとき、自分の土地だからといってどんな建て方をしてもよいというわけにはゆかず、建築基準法上、建ぺい率とか容積率とか、あるいは隣の土地との境界からの距離だとか、さまざまの基準を守らなければいけないことになっているのは、皆さんよくご存じのことと思いますが、こういった制限がここでいう「特別偶然の損失」にはあたらない、ということは、もうよくおわかりですね。つまり、右に見てきたような考え方の底にあるのは、要するに、「人間が共同して社会生活を送ってゆくために必要最小限度の不利益を課せられることは、誰しもが受忍(我慢)しなければならない負担なのであって、すべての財産権がもともと抱えている制約(いわゆる「財産権の内在的制約」。財産権の守備範囲の限界といってもよいでしょうか)に属する」という基本的な考え方だからです。こういった意味で、たとえば、人の生命・身体・財産、公共の安全や環境などに重大な危険をもたらすような財産権の利用を禁じたり制限したりすること(これを法律学では、一般的に「消極目的による制限」あるいは「消極的制限」といいます)は、原則として、損失補償が必要な「特別偶然の損失」にあたらない、というのが、これまでの判例や学説の基本的な出発点であったということができます

（こういった考え方を示した最高裁判決として有名なのが「奈良県ため池条例事件判決」最大判昭三八年六月二六日刑集一七巻五号五二一頁です）。

ただ、この「消極目的による制限」であるといえるかどうかは、決していつも明白であるわけではありません。たとえば、先祖代々受け継いできた町はずれの雑木林が、新たに都市計画が定められて市街化調整区域に入れられてしまったため、都市計画法の定めるところにより（同法二九条を参照してください）都道府県知事の開発許可をもらわなければ自由に宅地造成したりすることはできないようになってしまった、というようなばあい、これは「特別偶然の損失」であるといえるでしょうか？（ちなみに、都市計画法上は、こういったばあいに損失補償をしなければならないという明文の規定はありません。）「都市の健全な発展と秩序ある整備を図るための土地利用」（都市計画法四条一項）という見地からすれば、右に見たような利用規制は「消極目的」であるようにも見えますが、なんにも無いところにあえて立派な都市を作り上げるのだ、という見方をすれば、空港建設などと似た面もある、ということもできるかもしれません。こういったこともあって、このケースで損失補償がいるかいらないかは、かつて、学説上大いに議論されたこともありましたが、いまでは、補償はいらないというのが、判例・通説になっています。ただそれは、現行法上、市街化調整区域においては、建築など一定の行為（開発行為）について許可を必要とするという制限がされているだけであり、（たとえば農業用地として使うなど）およそいっさいの土地利用が許されないということにはなっていないからなので、もしこの点が変わってくるならば、話はまた全くちがったことになるでしょう。つまり、損失補償を必要とする「特別偶然の損失」にあたるかどうかについては、財産権制約の目的だけではなくて、制約の程度（財産権そのものの取得か、全面的な利用禁止か、一部の利用制限か等々）もまた、大きな意味を持っているわけです。

3　損失補償の内容

正当な補償　憲法二九条三項は、私有財産を公共のために用いるにあたっては「正当な補償」が必要であることを定めています。さてそれでは、何をもってここでいう「正当な補償」であるといえるか、という話になりますが、この点については、判例・学説上古くから、「完全な補償」を必要とするか（いわゆる「完全補償説」）それとも「相当な補償」でよいか（いわゆる「相当補償説」）をめぐって、大いに争いがありました。ただ、私の見るところでは、どうもこの「完全」「相当」という言葉には、論者によって、若干意味がずれているところがあって、この二者択一によって一般的な議論をするのは、あまり生産的でないような気もします。そこでここでは、最高裁判例が土地収用法による収用に関して述べている完全補償説から出発することにしたいと思います。

この判例は、「最高裁倉吉市都市計画事件判決」とよばれる有名な判決ですが（最一判昭四八年一〇月一八日民集二七巻九号一二一〇頁）、都市計画道路建設予定地として建築制限（都市計画法五三条参照）が課せられたまま一六年がたってしまった土地について、ついに収用がおこなわれることとなったとき、その場合の損失補償額（正当な補償）は、どのようにして計算するべきかが争われた事件でした。収用する側（事業者）である倉吉市は、このように建築制限を課せられている土地については、そういった制限付きの土地としての取引価格（制限のない土地よりはとうぜん安くなります）で補償すれば済むのだ、との主張をして、収用委員会もこれを認めたのですが、最高裁は、次のような考え方をして、これをくつがえしたのです。

「土地収用法における損失の補償は、特定の公益上必要な事業のために土地が収用される場合、その収用によって当該土地の所有者等が被る特別な犠牲の回復をはかることを目的とするものであるから、完全な補償、すなわち、収用の前後を通じて被収用者の財産価値を等しくならしめるような補償をなすべきであり、金銭をもって補償する場合には、被収用者が近傍において被収用地と同等の代替地等を取得することをうるに足りる金額の補償を要するものというべ〔きである。〕」

さて、〝近傍において同等の代替地を取得することをうるに足りる金額〟というのは、つまり、近所の同じような土地の市場取引価格（地価）ということになりますね。ところが、この「市場取引価格」というのがまた、なかなか一筋縄ではゆかない代物なのです。

補償額の算定時期——「開発利益」・「事業損失」はどう評価されるか？

普通、ある土地に道路や空港などの公共施設が建設されるということがわかると、その土地を含めてその周辺一帯の土地は、どんどん値上がりしてゆきます（もっとも、逆に、廃棄物処理施設だとか火葬場などいわゆる迷惑施設のばあいだったら、値下がりすることもあるでしょう）。それは、こういった施設ができると、その経済的効果（いわゆる「開発利益」。これが迷惑施設のケースのように、逆に不利益となるばあいは、「事業損失」といいます）を見込んで、あらかじめそれを先取りした地価が形成されてゆくからです（ばあいによっては、補償金目当ての価格つり上げ——いわゆるゴネ得——ということもあります）。ところが、土地収用というのは、土地収用法が定めるいろいろな手続を踏んでいって、最後に収用委員会の収用裁決という行政行為があってはじめて土地の所有権の変動という効果が生じることになっていますから、その最終段階では、周辺の土地の値段というのも、いちじるしく高くなっているわけです。そうすると、「近傍において被収用地と同等の代替地等を取得することをうるに足りる金額」もまた、この高くなった金額でなければならないことになるはずですが、ただ、この高くなった部分は、ほんらい、収用された土地に公共施設が建設されてはじめて生じる経済的利益に該当するものであるはずなのに、それを、建設すら始まっていない段階で、もともと土地を持っていたというだけの理由で、土地所有者に与えるというのでは、「正当な補償」の枠を越えてしまうのではないか、といった問題が出てきます。この考え方だと、こういったばあいに与えられるべき「正当な補償」は、公共事業建設の話がきっかけとなって値上がりを始める前の価格（つまり、収用裁決がおこなわれる時点の価格から「開発利益」相当分を除いた価格）であるということになるでしょう。別のいい方をすれば、「市場取引価格」といっても、それは、全体としての収用のプロセスの中でどの時点での価格をいうのか、という問題（補償価額算定時期の問題）があるわけです。

この問題については、古くからさまざまな議論があるのですが、現在のわが国の土地収用法では、「収用する土地……」についての補償金の額は、「近傍類地の取引価格等を考慮して算定した事業の認定の告示の時における相当な価格に、権利取得裁決の時までの物価の変動に応ずる修正率を乗じて得た額とする」と定められています（法七一条）。「事業の認定の告示の時」というのは、ここではとりあえず、「全体としての収用のプロセスの中で、収用の対象となる土地が具体的に決まった時点」というように理解しておいてください。「物価の変動」というのは、一般的物価の変動ということですから、この規定はつまり、収用時点の市場取引価格の中でも、一般的物価の上昇部分（収用がなくても生じた上昇分）は別として、収用されることが決まった時点以降に生じた「開発利益」相当部分は、補償の対象としない、ということを定めているわけです。そして最高裁もまた、こういった補償のやり方は憲法二九条三項に違反しない、という判断をしました（最三判平一四年六月一一日民集五六巻五号九五八頁）。もっとも、収用された時点では、周辺の土地は、そんなこととは関係なく値上がりしているわけですから、このような制度のもとでは、もらった補償金では、周辺に同等な代替地を見つけるということは不可能になります。そこで土地収用法は、これとは別に、まだ実際の収用（権利変動）の効果が発生しない段階ではあるけれども、この制度のもとで補償額算定の基準時とされる事業認定の告示の時点で、すでに補償金の支払いを求めることができることとしています（四六条の二。右に見た最高裁の合憲判決も、こうした規定が存在することを、その理由のひとつとしています）。

「通常受ける損失」についての補償（通損補償）

土地収用によって被る損失は、土地の所有権を失うということにとどまりません。空港建設予定地として収用する土地に家が建っていたり樹木があったりすれば、これらも取り壊すなり移転するなりしなければなりませんし、また、道路建設のために宅地の一部が収用されたとき、道路にかからないからといって残された部分があまりにも小さすぎたり格好が悪くなったりして、使い勝手が悪くなってしまった結果、地価が大幅に下がる、といったようなこともあるでしょう。これらの損失について、土地収用法は、たとえば、残地補償（法七四条。右の後者の例）、移転料の補償（法七七条。右の前者の例）等について定めていますが、それだけでは、とうてい、考えられるすべての損失について手当てをしたということにはなりません。たとえば、農地が収用されたとき、撤去される農作物に対して補償がなされなければならないのはとうぜんのこととして、今後農業ができなくなり、収入が得られなくなることについてはどうなのでしょうか？　また、商店を営んだり、賃貸アパートを経営していたなどというケースでも、同じような問題が出てくるでしょう。そこで、土地収用法は、こういったことを見込んで、右に見たように明文で定められた補償のほか、「離作料、営業上の損失、建物の移転による賃貸料の損失その他土地を収用し、又は使用することに因って土地所有者……が通常受ける損失は、補償しなければならない」という一般的な規定を置いています（法八八条。これを通常「通損補償」といいます）。ただ、「通常受ける損失」といっても、あまりにも漠然とした表現ですから、いったい何がこれにあたるのかについては、さらにくわしい検討が必要となります。土地収用法は、そういった細目を、政令で定めることとしていますが（法八八条の二）、この規定に基づいて平成一四年に定められた「土地収用法第八十八条の二の細目等を定める政令」の規定によっても、具体的な問題のすべてが解決されたというわけにはゆかず、結局は、もう一度憲法の趣旨に立ち戻って、「正当な補償」とは何かを考えなければならないケースが、しばしば出てくるのです。

そういった例のひとつとして、たとえば、いわゆる「生活補償」は必要かどうか、という問題があります。

いわゆる「生活補償」の問題

土地収用法は、補償の方法として、金銭払いの原則によること、つまり原則として、単に損失に対応したお金を支払うことで済ませることとしています（法七〇条）。そこでたとえば、先祖代々農業や漁業を生業としてきた人たちが農地や漁業権を収用されたとき、お金はもらったものの、もはや農地も海もなく、今後の生活をどうするのか、といった問題が出てきます。もちろん、一生何もしないで暮らせるだけの補償金がもらえれば話は別ですが、土地収用法（および関係法令）に基づく「通損補償」は、こういったばあいについては、みずから努力してほかに農地を見つけたり、あるいは転業するまでの間の生活を賄うに足りる金額の補償ということを前提としていますから、そういう力のない人たち（いわゆる「陸に上がったカッパ」）にとっては、決して将来までをも保障されたものではないことになります。このように、公共事業のためにその将来の保障を失った人たちに対する損失補償（生活補償）の問題をどう考えるかということは、たいへんにむずかしい問題で、これまでにも、多くの議論がされてきました。

すぐ考えられることは、収用された農地に代わる農地を現物で与えればよいではないか、ということでしょう。実際、土地収用法は、こういった「替地による補償」の可能性についても定めています（法八二条）。けれども、これは替地となる土地が実際にあるばあいの話であって、その前提が充たされなければ、役に立ちません。たとえばドイツなどでは、収用した土地の替地に充てる土地をほかの者から収用して調達する（いわゆる「玉突き収用」）可能性についても定められていますが、わが国のばあいには、現行法上こんなことは認められていません。

先にも触れたように、わが国の現行法上の考え方は、基本的にいわば「自助努力にまつ」という考え方だということができるでしょう。つまり、かりに農業が続けられなくなったというのであれば、憲法上職業選択の自由が認められているのだから（憲法二二条一項）、自由に転業の可能性を探せばよいのであって、そのために必要な援助はするけれども、そういった努力もしない者に一生の生活を保障することまでが、憲法で義務づけられた「正当な補償」であるとはいえない、という考え方です。こういった考え方に基づいて、一方で転職するまでの間の損失を補償する営業廃止補償、農業廃止補償、漁業廃止補償等が、土地収用法のいう通損補償の例として認められていますが、そのほかは、憲法上の義務ではないけれども、現実の行政サービスとして、職業のあっせん、融資のあっせん等をおこなう等、さまざまのいわゆる「生活再建措置」がおこなわれることになっているだけです（たとえば土地収用法一三九条の二が定めるのがその一例です）。

たしかに一方で、たとえば充分なお金はもらったのだけれども、はじめて見る大金にうれしくなって豪遊放蕩してしまい、あっという間になくしてしまった、といったようなばあい（こんなケースも、これまで数多くありました）についてまで、将来の面倒を見る必要はない、ということがいえるでしょう。ただ問題は、懸命に職を探すけれども、これまで長年にわたって従事してきた農・漁業以外に生きるすべを知らないような、（ある意味では不器用な）人たち（こういった人々も、また決して少なくないはずです）のことをどう考えるか、ということにあります。生活補償のあり方の問題は、憲法二九条三項の財産権保障の見地からだけではなく、同時に、二五条の生存権保障の見地からも考えられなければならない、ということがしばしばいわれるのは、まさにこういった問題があるからだといってよいでしょう。

参考文献

行政法の教科書としては、入門書から本格的なものまで含めて、こんにち、じつにたくさんのものが出版されています。しかしこれらをここでくわしく並べたててみても、入門の段階にある皆さんには、目移りがして、かえって困ってしまうのではないかと思います。そこで、ここでは、私自身が書いている、もう少し高度な段階のものだけを挙げておくことにします。そのほかの文献については、私のこれらの書物でくわしく紹介されていますので、さらに勉強を進めたい方は、どうぞそれを参考にしてください。

①藤田宙靖『新版行政法総論　上巻・下巻』（青林書院、二〇二〇年）
②藤田宙靖『行政組織法　第二版』（有斐閣、二〇二二年）

あとがき

一　行政法入門の本を書いてほしいということを有斐閣から依頼されたのは、もうずいぶん前になる。義理人情からして、一応お引き受けはしたのであるが、その間、他にやりたいことも多々あり、入門書の執筆といった作業は、もっと先でもよいような気持でいた。ところが近年、有斐閣からの催促は年毎に強まると共に、他方で、私が大学での教科書として用いてきた行政法総論の書物（『第三版行政法Ⅰ（総論）改訂版』、青林書院）について、版を重ねる毎に質量共に膨大となり、教科書としての使用が困難である、従って同書をより易しくしたものが欲しい、という声が、各方面から聞こえて来るようになった。また私自身、平成元年から六年までの間、これまた義理人情から、放送大学での講義をお引き受けしたのであるが、そのために用いた印刷教材（『行政法』、放送大学教育振興会）が、それ自体は、放送に際して口頭で補足され易しく解説し直されるものであるにしても、初心者向けの印刷物としては余りにも生硬である、との忸怩たる思いを抱き続けていた。

そのような状況の下、平成六年四月から二年間、東北大学法学部長の職に就くことになり、講義・演習等の他に、自分自身の研究・執筆作業を進めることは、殆ど不可能となった。そこで、せめて細切れの時間を拾っては進められる作業として考えられたのが、先の放送大学印刷教材を平易化することによる、有斐閣への債務履行である。従ってこの作業は本来、服役中に従事し学部長室出所と共に終了すべきものであったのであるが、ゴール目前でやや体調を崩したりしたこともあって、遂に若干の後を引くことになってしまった。ゴールデンウィーク最後の日に、このあとがきを書くまでに到達し、これでこの二年間のあらゆる苦役から解放されるという想いに、心からホッとしている。

二　初心者向けに専門的なことを語るというのは、いわば、子供と話をするのと同じことであって、何よりも、目線を同じところに置くということが大事だと考えている。しかしこれは、大変に難しいことであって、色々と工夫を凝らしてはみたが、齢六十も近くなった身としては、あらゆる意味での柔軟性の欠如を嘆かざるを得ないのが実態であった。それでも、欲の深さは変わらないもので、できることならば、高校を卒業したばかりの人々、そしてまた、理科系の道に進んでいる人達にも、本書によって、多少なりとも行政法学の世界を垣間見てもらえることができれば、などと夢想している。

三　終わりに、本書の執筆を早くから奨められ、この上も無い忍耐力をもって待ち続けてくださった有斐閣の方々、取り分け江草忠敬社長並びに大橋祥次郎氏に、心からの御礼を申し上げたい。

なお、事項索引の作成については、東北大学大学院在学中の倉島安司氏の助力を得、また、索引・校正等を含め本書の作成一般にわたり、有斐閣編集部の佐藤文子さんの多大なる力添えを頂いた。合わせて深甚なる謝意を表する次第である。

一九九六年五月

広瀬川を見下ろす書斎にて

藤田宙靖

第七版へのあとがき

前版が出てから未だ二年を経過したに過ぎないが、今回の改訂は、専ら、昨年行われた行政不服審査法の大改正に対応したものである。同改訂及びその内容については二年前においても既に大方の見通しがついていたものであったから、当時、これをどのように扱うかは、一つの問題であった。しかし前々版から前版までの間が空き過ぎていたことから、改正が実現した際に再度この部分を書き直すことを前提とした上で、前版の刊行を急いだものである。その意味において、本書は、実質第六版の補訂版であると言ってもよい。

なお、今回、第十三講中、前版までは置いていた「行政審判」の項を全部削除することとしたが、これは、本書全体の頁数を抑える目的に加え、今回の法改正で、行政不服審査制度がより充実したこと、その一方で、その間行政審判の代表例であった公正取引委員会による審判制度が廃止されたこと、等の理由による。入門書としての本書の性格に鑑み、大方の御理解を賜りたい。

二〇一五年八月

藤田宙靖

事項索引

さ　行

た 行

な　行

は　行

ま　行

や　行

ら　行

判例索引

[最高裁判所]

最三判昭 29・7・30 民集 8 巻 7 号 1501 頁……68
最三判昭 30・4・19 民集 9 巻 5 号 534 頁……258
最三判昭 30・12・26 民集 9 巻 14 号 2070 頁……118
最二判昭 31・3・2 民集 10 巻 3 号 147 頁……128
最大判昭 31・7・18 民集 10 巻 7 号 890 頁……118, 137
最二判昭 31・11・30 民集 10 巻 11 号 1502 頁……263
最二判昭 32・5・10 民集 11 巻 5 号 699 頁……68
最二判昭 33・3・28 民集 12 巻 4 号 624 頁（パチンコ球遊器課税事件判決）……149
最三判昭 33・9・9 民集 12 巻 13 号 1949 頁……128
最三判昭 35・2・9 民集 14 巻 1 号 96 頁……108
最二判昭 35・3・18 民集 14 巻 4 号 483 頁……101
最一判昭 35・6・2 民集 14 巻 9 号 1565 頁……108
最三判昭 36・3・7 民集 15 巻 3 号 381 頁……137
最二判昭 36・4・21 民集 15 巻 4 号 850 頁……120
最二判昭 36・7・14 民集 15 巻 7 号 1814 頁……134
最一判昭 37・7・5 民集 16 巻 7 号 1437 頁……137
最大判昭 38・6・26 刑集 17 巻 5 号 521 頁（奈良県ため池条例事件判決）……290
最一判昭 39・10・29 民集 18 巻 8 号 1809 頁（東京都ごみ焼却場事件判決）……200
最一判昭 43・11・7 民集 22 巻 12 号 2421 頁……128
最大判昭 43・11・27 刑集 22 巻 12 号 1402 頁（名取川砂利採取事件判決）……286
最一判昭 45・8・20 民集 24 巻 9 号 1268 頁（高知県国道落石事件判決）……272, 274
最一判昭 46・10・28 民集 25 巻 7 号 1037 頁（個人タクシー免許事件上告審判決）……68, 84, 85
最大判昭 47・11・22 刑集 26 巻 9 号 554 頁（川崎民商事件判決）……192
最三判昭 47・12・5 民集 26 巻 10 号 1795 頁……134

最一判昭 48・4・26 民集 27 巻 3 号 629 頁 ……………………………139
最一判昭 48・10・18 民集 27 巻 9 号 1210 頁（倉吉市都市計画事件判決）……………………………………………………………………292
最三判昭 49・2・5 民集 28 巻 1 号 1 頁…………………………………132
最一判昭 49・5・30 民集 28 巻 4 号 594 頁 ……………………………36, 37
最一判昭 50・5・29 民集 29 巻 5 号 662 頁(群馬中央バス事件上告審判決)……………………………………………………………………68
最一判昭 50・6・26 民集 29 巻 6 号 851 頁 ……………………………276
最三判昭 50・7・25 民集 29 巻 6 号 1136 頁……………………………275
最三判昭 53・3・14 民集 32 巻 2 号 211 頁(主婦連ジュース表示事件判決）……………………………………………………………………245
最三判昭 53・7・4 民集 32 巻 5 号 809 頁………………………………276
最二判昭 53・12・8 民集 32 巻 9 号 1617 頁 ……………………………36
最三判昭 56・1・27 民集 35 巻 1 号 35 頁………………………………167
最一判昭 56・7・16 民集 35 巻 5 号 930 頁（豊中市給水拒否事件判決）……………………………………………………………………184
最一判昭 57・4・1 民集 36 巻 4 号 519 頁………………………………266
最一判昭 57・9・9 民集 36 巻 9 号 1679 頁（長沼ナイキ訴訟判決）……228
最一判昭 59・1・26 民集 38 巻 2 号 53 頁（大東水害訴訟判決）…274, 276
最二判昭 59・2・24 刑集 38 巻 4 号 1287 頁……………………………164
最三判昭 60・7・16 民集 39 巻 5 号 989 頁 ……………………………164
最一判昭 60・11・21 民集 39 巻 7 号 1512 頁 …………………………266
最三判昭 60・12・17 判時 1179 号 56 頁（伊達火力発電所事件判決）…227
最三判昭 62・10・30 判時 1262 号 91 頁…………………………………73
最二判昭 63・6・17 判時 1289 号 39 頁…………………………………131
最二判平元・2・17 民集 43 巻 2 号 56 頁（新潟空港訴訟判決） ………228
最二決平元・11・8 判時 1328 号 16 頁（武蔵野市長給水拒否事件決定）……………………………………………………………………184
最二判平元・11・24 民集 43 巻 10 号 1169 頁 …………………………266
最大判平 4・7・1 民集 46 巻 5 号 437 頁（成田新法事件判決）…………192
最一判平 5・3・11 民集 47 巻 4 号 2863 頁 ……………………………266
最一判平 11・11・25 判時 1698 号 66 頁 ………………………………228
最三判平 14・6・11 民集 56 巻 5 号 958 頁 ……………………………295
最三判平 14・7・9 民集 56 巻 6 号 1134 頁(宝塚市パチンコ条例事件判決）……………………………………………………………………177

最三判平 16・7・13 判時 1874 号 58 頁……………………………………139
最三判平 17・1・25 民集 59 巻 1 号 64 頁…………………………………151
最二判平 17・7・15 民集 59 巻 6 号 1661 頁…………………………167, 202
最大判平 17・9・14 民集 59 巻 7 号 2087 頁……………………………215
最三判平 17・10・25 判時 1920 号 32 頁 …………………………167, 202
最大判平 17・12・7 民集 59 巻 10 号 2645 頁（小田急線都市計画事件判決）…………………………………………………………………228
最三判平 18・2・7 民集 60 巻 2 号 401 頁（呉市学校施設使用許可事件判決）……………………………………………………………………69
最三判平 18・10・24 民集 60 巻 8 号 3128 頁 ……………………………151
最二判平 19・12・7 民集 61 巻 9 号 3290 頁（獅子島公共海岸占用許可事件判決）………………………………………………………………69

［地方裁判所］

東京地判昭 39・6・23 判時 380 号 22 頁 ………………………………120
東京地判昭 40・5・26 行裁例集 16 巻 6 号 1033 頁 ………………………72
東京地八王子支決昭 50・12・8 判時 803 号 18 頁（武蔵野市マンション事件決定）………………………………………………………………184

＊判例の略記の意味は，以下のとおりである。

最一判昭 43・11・7 民集 22 巻 12 号 2421 頁＝最高裁判所第一小法廷昭和 43 年 11 月 7 日判決，最高裁判所民事判例集 22 巻 12 号 2421 頁

最大判昭 43・11・27 刑集 22 巻 12 号 1402 頁＝最高裁判所大法廷昭和 43 年 11 月 27 日判決，最高裁判所刑事判例集 22 巻 12 号 1402 頁

東京地判昭 40・5・26 行裁例集 16 巻 6 号 1033 頁＝東京地方裁判所昭和 40 年 5 月 26 日判決，行政事件裁判例集 16 巻 6 号 1033 頁

東京地八王子支決昭 50・12・8 判時 803 号 18 頁＝東京地方裁判所八王子支部昭和 50 年 12 月 8 日決定，判例時報 803 号 18 頁

行政法入門〔第7版〕
Introduction to the Japanese Administrative Law

1996年12月20日　初　版第1刷発行
2000年 2 月10日　第2版第1刷発行
2001年 3 月30日　第2版補訂第1刷発行
2003年12月10日　第3版第1刷発行
2005年 4 月 1 日　第4版第1刷発行
2006年11月10日　第5版第1刷発行
2013年11月15日　第6版第1刷発行
2016年 2 月29日　第7版第1刷発行
2021年 1 月10日　第7版第7刷発行（補訂）
2024年11月30日　第7版第9刷発行

著　者　藤田宙靖

発行者　江草貞治

発行所　株式会社　有斐閣
〒101-0051 東京都千代田区神田神保町2-17
https://www.yuhikaku.co.jp/

印刷・株式会社精興社／製本・大口製本印刷株式会社

ISBN 978-4-641-13195-8